# LA LIBRETA DE OSORIO

## MI MODELO DE GESTIÓN



JUAN CARLOS OSORIO

Jorge Andrés Bermúdez H.

Osorio, Juan Carlos y Bermúdez Hernández, Jorge Andrés
La libreta de Osorio. Mi modelo de gestión- 2a ed. - Ciudad Autónoma de Buenos Aires: LIBROFUTBOL.com, 2020.
254 páginas; 12 x 19 cm.

ISBN 978-987-3763-16-8

1. Fútbol. I. Título
CDD 796.334

LA LIBRETA DE OSORIO. Mi modelo de gestión
de JUAN CARLOS OSORIO y JORGE ANDRÉS BERMÚDEZ HERNÁNDEZ



Diseño de cubierta: Luciano Medvetkin
Diagramación interior: Luciano Medvetkin
Fotos de portada y del interior: © Jorge Andrés Bermúdez Hernández y © LIBROFUTBOL.com.z
Foto de Osorio junto con Guardiola: © Andrés Guerrero

LIBROFUTBOL.com
Olga Cossettini 1112 - oficina 8F - Ciudad de Buenos Aires - Argentina
ediciones@librofutbol.com - whatsapp +54 9 11 2215 1982

2ª edición: julio de 2020


ISBN: 978-987-3763-16-8

# Contenido

## CAPÍTULO III



## CAPÍTULO IV

# PRÓLOGO

**por Juan Manuel Lillo**

Juanma Lillo es un tipo único y diferente. Un intelectual del fútbol. Nos ha regalado, con una generosidad descomunal, un prólogo diferente. A través de una conversación fluida, amena y enriquecedora, Juanma nos presenta esta obra después de habérsela devorado con la pasión que lo caracteriza.

Los comentarios de Lillo inician haciendo referencia a su estrecha relación con Juan Carlos Osorio, continúan con una descripción de cada una de las temáticas expuestas en los diferentes capítulos de este libro y finalizan con una recomendación hacia el lector.

Este no es un prólogo convencional. Es una charla del escritor Jorge Andrés Bermúdez con un genio como Juanma que nos comparte sus reflexiones e impresiones.

## Amistad Lillo-Osorio

El día de mi debut en mi paso por Millonarios, Juan Carlos pasó a nuestra concentración a saludarnos. Eso nos sorprendió. A partir de ahí y del intercambio de números telefónicos confluimos. La rivalidad siempre fue entre Millonarios y Nacional, no entre los técnicos. Después trabajando juntos en el Mundial Brasil 2014 para Win-Sports y RCN Radio nos unimos más conceptualmente.

Aquella visita de Osorio a nuestra concentración supuso un valor para mí y para los jugadores de Millonarios. Yo llevaba una pretemporada con ellos y los chicos ya creían que lo nuestro les podía servir para mejorar. Si encima llega alguien que lo ha ganado todo y se acerca a escuchar a su entrenador, ellos (los jugadores de Millonarios) se van a convencer aún más. Mayor reconocimiento que ese y que Juan Carlos me haya recomendado en varios lugares: imposible.

Creo que él (Osorio, quien considera a Lillo un maestro y referente en su transformación) se acercó a mí para intentar modificar el fútbol colombiano. Considero que uno de los valores de esta obra no es solo hablar de Osorio, sino que se trata de bus-

car un cambio en el pensamiento del fútbol de ese país. Y él me sentía como una buena noticia para el enriquecimiento del balompié colombiano. Creo que él sentía que llegaba otro acompañante en su lucha de querer modificar un poco el prisma desde donde se observa el juego y el entrenamiento en Colombia. Ese es el gran valor de este libro, querer decirle a la gente que el fútbol se puede observar desde distintos lugares y que este no es más que otro panorama para mirarlo desde un ente global, estructural y holístico. En definitiva para observar el juego desde otra perspectiva. Por eso utiliza, entre otros, referentes como Xavi Tamarit y Oscar Cano, quienes han significado mucho para Osorio en su manera de sentir el juego y el entrenamiento.

*Introduciéndonos en la obra las bases conceptuales las dan Xavi Tamarit con la periodización táctica y Oscar Cano con el juego de posición*

Se ve que a Juan Carlos ya le picó el bichito y le picó muy fuerte porque ese es su sentir. No porque sea el sentir de todos nosotros. No somos tan importantes. Es el

suyo. Todo eso le ha ido despertando determinadas inquietudes.

Juan Carlos empieza a través del vínculo de Xavi Tamarit y Vitor Frade, le recomiendo acercarse también a Paco Seirul.lo para reforzar la que se entiende que es la mejor metodología que se adapta a las necesidades de un organismo vivo, que es lo que somos, y a la interacción de muchos organismos vivos, que es el hecho de estar 22 seres humanos jugando. Y luego está el vínculo de Oscar Cano, que me parece fabuloso porque es una de las personas que más ha intentado convertir nuestras conversaciones y conjeturas sobre el juego en libros, con la intención de buscarle un lenguaje, una explicación y un acercamiento a criterios de juegos posicionales para una mejor comprensión del juego convirtiendo al futbolista en el centro de todo, en el centro del método. Es un poco querer devolverle el juego al futbolista, pero que lo comprenda desde un ente global y desde un ente de relación e interacción.

Esto me lleva a otro lugar, Juan Carlos habrá tomado de aquí, de allá y de más allá, pero nunca ha olvidado que estuvo entrenando en Colombia a entes culturales colombianos en contextos particulares como Medellín con una forma de manifestarse.

Ha desarrolado su pensamiento apelando, entre otros, a procesos sistémicos, a la huella conformadora de lo que habla Tamarit y a criterios posicionales de lo que habla Cano. Todo eso me parece interesante y es bienvenido.

*Uno de los principios de juego descritos en el capítulo dos hace referencia al momento sin balón y la necesidad u obligación de concentrar muchos elementos detrás de la línea de la pelota. Todos esos elementos enriquecen aún más el "modelo Osorio"*

El juego no lo dictamina uno solo. También lo dictamina el rival. El juego de posición no dice que no tengas que hacer eso (concentración defensiva). Si Juan Carlos entiende que tiene que hacerlo: perfecto.

No se trata de llevar esto solo al rincón de las ideas. Se trata de llevarlo al rincón de las necesidades de esa plantilla que él está dirigiendo. Y si los jugadores se sienten más seguros haciendo esto (concentración defensiva) que otra cosa, pues bien. Eso es atender al contexto para determinar lo que parece mejor, nada más. Uno de los principios fundamentales de este juego es que el reglamento dice que ganará el equipo que marque más goles que el rival, entonces si el equipo de Osorio ya ha marcado un gol y entiende que para seguir marcando debe atender como prioridad, no como negación, a determinados elementos defensivos y si encima son elementos que él sabe que a su plantilla le dan más seguridad, está obligado a hacerlo. Eso es tener piel de adaptación y sensibilidad a las circunstancias que el juego te va dando. Si el rival es ser mejor que tú, en ese momento deberás echarte hacia allí. Que no aceptes que el juego te está llevando a espacios donde tú no quieres estar me parece un acto de inmadurez. A veces el juego nos lleva a espacios que no nos gustan, pero debemos saber comportarnos en esas zonas. Esto me parece intelectualmente lógico y, sobre todo, es respeto a tu equipo y a las condiciones del partido que siempre van por vericuetos desconocidos. Si sabes que los tuyos van a encontrar seguridades estando 20 metros más atrás para después descubrir otras soluciones: genial.

Considero que la obra tiene un muy buen enfoque y termina en eso. Ese es el trasfondo de este escrito, cómo soy yo con todo eso. Pero no soy exclusivamente yo ni es exclusivamente eso: somos un todo.

## *Rotaciones, polivalencia individual y versatilidad táctica colectiva*

Aquí está la apertura mental de Juan Carlos, siendo Juan Carlos Osorio. Es amplio en cuanto a la diversificación de espacios de los jugadores, la rotación de los mismos y la elección de elementos que vosotros llamáis principios y nosotros, conjeturas. Pero claro, todo eso lo tienes que aterrizar porque vas a una realidad competitiva. Esa es la que aplica Juan Carlos Osorio.

En este libro no puede ser más él porque pone encima de la mesa lo que cree que es lo mejor y se entrega, se saca el corazón y te lo da. Es un tipo al que no le cabe el corazón en el cuerpo. Con Juan Carlos hay una apertura intelectual. Más no se puede.

## *La operacionalización*

Hemos estado permanentemente justificando el entrenamiento del fútbol desde los deportes individuales. Menos mal que ya se atendió a determinados criterios de deportes colectivos. Ahora estamos empezando a tener una construcción del entrenamiento del juego del fútbol para el fútbol y hay una construcción organizativa del entre-

namiento enfocada al hombre que juega y al juego. Eso para mí es fundamental.

Agradezco la manera como Juan Carlos aterriza determinadas abstracciones en hechos concretos (el entrenamiento y el juego). Me parece que existe una relación coherente entre las situaciones de entrenamiento puestas en práctica y la fundamentación previa de la obra. Ese es el broche final a un buen escrito. Sería un error acercarse a esa parte operacional buscando la receta cuando todo el libro se la ha pasado ofreciendo ingredientes. Es un libro orientado a los ingredientes, no a la receta. La receta es de cada uno en función de sus propias necesidades. Pero los ingredientes ahí están. No debemos empezarlo por el final. La gente puede encontrar cosas que a Juan Carlos se le ocurrieron en determinado momento y contexto y creía que le servían, pero quizás ahora no lo haría de la misma manera porque tiene otros jugadores.

## *Recomendación*

Osorio es un tipo con un gran bagaje de experiencias que ha sufrido una transformación interna y ha puesto el sentir de su transformación a disposición de los demás.

Y encima con eso ha tenido un recorrido que le ha servido para continuar caminando. No cree que ha llegado a algún lugar, sigue y sigue el camino que no sabe dónde empezó y mucho menos dónde va a acabar.

# INTRODUCCIÓN

## por Juan Carlos Osorio

Para los que entendemos el fútbol como un juego colectivo, el cual se nutre y vive de la contribución de todos y cada uno de los futbolistas que conforman 'ese' grupo y representan 'ese' modelo particular y diferente de juego, aceptamos que "el sujeto es el que en última instancia decide, siempre a partir de la idea que elaboró de la situación particular. Su percepción acompaña a cada conocimiento"*. La lucidez de este conocimiento depende de la complejidad y del modo que el jugador haya organizado sus ideas a través del entrenamiento.

Existen varias metodologías de trabajo. Valorando y respetando todas entendemos que las sistémicas son las que aproximan el

* Cano Moreno, O.P: (2009) *El modelo de juego del FC Barcelona*, MCSPORTS, Pontevedra.

juego a su contexto original y real: el juego. Al igual que en la vida, en el juego la única certeza es la incertidumbre, lo accidental y fortuito del mismo.

Para articular los principios y subprincipios del modelo de juego, para introducir nuevas posibilidades a la organización defensiva y ofensiva, para optimizar las relaciones entre jugadores y al final beneficiar la inteligencia táctica individual y colectiva (un saber hacer en grupo) de la plantilla, para todo esto: debemos 'aprender' vivenciando, haciendo, fallando, dudando, acertando individual y colectivamente como acontece el día de la competencia.

Para José Antonio Marina "no podemos vivir desvinculados de los demás, pero tampoco disueltos en los demás"*. Por esta razón no se puede separar la personalidad del jugador y su forma de percibir, identificar, decidir y ejecutar lo que pide una jugada o acción. Tampoco es posible dividir la manera de como se relaciona con los otros futbolistas en el juego.

En la búsqueda diaria de progresar en ese 'saber hacer' la didáctica (organización, normas, restricciones, desarrollo y

---

* Marina, J.A: (2006) Aprender a convivir. Ariel. Barcelona. (*El modelo de juego del FC Barcelona*, pg. 117).

ejecución de las ejercitaciones y del entrenamiento) y la pedagogía (retroalimentación jugador-entrenador-jugador, preguntas-respuestas-alternativas y posibles soluciones) son los pilares que sostienen, condicionan y fortalecen la toma de decisiones y su mejoramiento en tiempo y elección. A través de la didáctica y la pedagogía el modelo de juego, los principios, los subprincipios y las propensiones se potencializan.

Jorge Castelo, profesor portugués, recomienda que "a medida que se vaya construyendo un modelo de juego es necesario someterlo a interrogación sistemática, esto es, se va construyendo progresivamente, desconstruyendo y reconstruyendo"*.

Atendiendo que "hay tres pilares que soportan"** y se fusionan para producir equipos eficientes y eficaces (personal de una sala de emergencia, departamento de bomberos, fuerzas especiales de un ejército) comprendemos la necesidad de generar un ambiente de trabajo saludable y propicio para todos.

---

* Castelo, J. Tamarit, X: (2007) Qué es la Periodización Táctica? MCSports. Pontevedra (*El modelo de juego del FC Barcelona*, pg 126).

** Miller, Mark: (2012). *Equipos triunfadores*. Taller del éxito, Sunrise, Florida, USA.

El primer pilar es la selección de aquellos que conforman el equipo. Personas que tengan actitud y aptitud para el trabajo.

El segundo pilar es el entrenamiento. Es un factor preponderante para que haya consistencia en el desempeño de alto nivel en situaciones de riesgo y en ocasiones traumáticas. Así como en la vida no podemos elegir a nuestros hijos, en el fútbol muchas veces tampoco podemos elegir a los jugadores. Sin embargo en ambos casos los podemos entrenar en la toma de decisiones para mejorar la capacidad de solución a problemas que constantemente aparecen en el juego.

El tercer pilar es conocido como espíritu de grupo. Para autoridades mundiales en el tema de trabajo en equipo (colaboración, sacrificio, solidaridad), como por ejemplo J.C. Maxwell y M. Miller, este pilar es el que hace la diferencia. El espíritu de grupo es el que marca la diferencia entre equipos buenos y equipos excelentes. Sí en un grupo existe un genuino interés de unos por otros y viceversa, el darlo todo por el bien colectivo (de los demás) se origina en la propia voluntad del individuo.

Por otra parte, durante la competencia, los miembros del equipo se deben sentir confiables, ser tenidos en cuenta.

Apropiadamente lo dice el poeta escocés McDonald: "que confíen en ti es un mayor cumplido que ser amado"*. La forma más tangible y objetiva de demostrarle a un futbolista que es confiable para todo el equipo es haciéndolo participe de la competencia, es decir, que haga parte de la rotación. Que el ser humano se sienta confiable, importante, colaborador, valorado y partícipe de los objetivos de grupo al que pertenece es un principio de vida.

Como punto final, un genuino agradecimiento para todos los que han contribuido en este aprendizaje. Para los que con críticas constructivas me han enseñado. Para los que nos han dado la oportunidad de entrenar sus jugadores y sentirnos confiables. Para todos los compañeros y amigos de trabajo por su valiosa contribución a nuestros logros deportivos. Para los que contribuyeron a la realización de esta obra, especialmente a Jorge Andrés Bermúdez por su dedicación al proyecto y amistad futbolera y objetiva. Para mis amigos del fútbol, con los cuales continuaré confrontando y aprendiendo. Para los que han sido, son y serán nuestros jugadores. Son ellos, los futbolis-

---

* Maxwell, JC: (2002). *Las 17 cualidades esenciales de un jugador de equipo*. Thomas Nelson Publishers, Nashville, TN-Miami, FL, USA

tas, los que nos inducen y comprometen a mejorar cada día como entrenadores. Por medio de ellos aprendemos, entendemos y conocemos nuestras posibilidades tácticas y estratégicas en el juego. Un millón de gracias a mis viejos por los valores enseñados y a mi familia, entre muchas cosas, por su apoyo incondicional, por su paciencia y por su tiempo (el que les pertenece y les robo para dedicarle a este maravilloso deporte).

*Juan Carlos Osorio*

# INTRODUCCIÓN

**por Jorge Andrés Bermúdez H.**

Compartir pensamientos, ideas y, fundamentalmente, sentires sobre su pasión, el juego del fútbol y la manera de gestionarlo dentro y fuera del campo, sedujo a Juan Carlos Osorio para participar de esta aventura y locura literaria.

A mí, además de hacer un homenaje a Juan Carlos, un hombre que ha contribuido en los últimos años a la evolución y mejora del fútbol colombiano desde la parte técnica, me movió la fiebre que tengo, primero, por analizar, estudiar, reflexionar, observar y entender lo que hacen los protagonistas del campo y del banquillo y, segundo, por contar, compartir y explicar a los apasionados, como yo, lo que hacen y como lo hacen.

En definitiva, compartir un sentir, una forma de proceder y analizar con pasión ha sido la mezcla, la interacción perfecta. Cuando entendimos que bastaba solamente con el deseo de analizar y que no era necesario ser ni intelectual ni literato para hacer un libro: comenzamos.

Tres títulos de Liga consecutivos, dos Copas, una Superliga y una final continental son logros que no pueden quedar solamente en el registro estadístico e histórico. Merecen algo más como ser documentados.

Por esta razón Juan Carlos Osorio entrega a lo largo de estas páginas su "humilde opinión", como él dice, sobre su manera de gerenciar un grupo, entender, operacionalizar, preparar y jugar el juego teniendo como referencia lo hecho en el Atlético Nacional multicampeón, sin dejar de lado, obviamente, todas las experiencias acumuladas durante su vida personal y profesional.

Y yo, a la par y con denuedo, disecciono el modelo y el método empleado por el mister. Varios años de amistad futbolera, muchas conversaciones sostenidas pese a las distancias y un incalculable número de partidos y entrenamientos observados me han invitado a plasmar en papel las reflexiones que he elaborado con el paso del tiempo respecto al modelo y al método empleado por Juan Carlos Osorio, un ganador.

Pero más que un ganador, un referente en la orientación de equipos de fútbol tanto en Colombia como en el resto del continente americano.

Escribiendo estas páginas, ideando la estructura de este escrito, hemos sido felices. Osorio y yo deseamos que quien lea esta obra se divierta tanto o más como nosotros al escribirla. Esperamos que estas líneas sean de su agrado y que al final del ejercicio hayan quedado con hambre de consumir más, y mucho más, sobre el juego, los futbolistas, los entrenadores, los métodos, la organización y las estructuras futbolísticas.

*Jorge Andrés Bermúdez H.*

# CAPÍTULO I

## EL MODELO Y EL MÉTODO: BASES CONCEPTUALES

La periodización táctica, el método. El juego de posición, el modelo. No es nuestra intención presentar un tratado sobre estas dos temáticas. Para nada. En pocas páginas es imposible, irresponsable e irrespetuoso hacerlo. Además, no es el objetivo de esta obra. Para eso recomendamos *el Juego de Posición del FC Barcelona, el Modelo de Juego del FC Barcelona* y *Periodización Táctica Vs. Periodización Táctica,* libros en los que ampliamente se tocan todos los aspectos del modelo y el método en mención.

Sin embargo, sí es nuestro objetivo sustentarnos conceptualmente en este par de temáticas teniendo en cuenta que Juan Carlos Osorio se apoya en ellas y las toma

como referencia para la construcción de su ideario futbolístico.

Xavi Tamarit y Oscar Cano son dos autoridades a nivel mundial a la hora de hablar de periodización táctica y juego posicional.

A continuación, presentamos un par de conversaciones sostenidas por Jorge Andrés Bermúdez con Tamarit y Cano, a través de las cuales conoceremos fundamentos y aspectos relevantes sobre el juego de posición y la periodización táctica.

## Periodización táctica: Xavi Tamarit

Xavi Tamarit es uno de los alumnos más aventajados de Vitor Frade, creador de la Periodización táctica. Entrenador de equipos de fútbol en Europa y Sudamérica. Escritor de los libros *¿Qué es la Periodización Táctica?* y *Periodización Táctica vs Periodización Táctica.*

Conversación con uno de los referentes a nivel mundial sobre la periodización táctica.

Jorge Andrés Bermúdez y Xavi Tamarit.

## El modelo de juego es todo

Desgraciadamente, en el curso para ser técnico es en el que menos herramientas se le dan al alumno para llegar a saber lo que es el juego y cómo se construye un jugar. Vas a cualquier carrera y te dan un montón de herramientas. Incluso otros deportes están mucho más avanzados en eso. Ahora,

¿qué es el modelo de juego? El modelo de juego es todo. Voy a tratar de explicarlo por partes, lo voy a fragmentar para que vuestro entendimiento sea más simple.

Primero está la idea de juego del entrenador. Es decir, como entrenador debo tener una idea, qué es lo que a mí me gustaría, sin necesidad de tener un equipo. Estoy en mi casa, no estoy contratado por nadie y tengo mi idea de juego: ¿qué quiero de mi equipo cuando tiene la pelota y cómo tendrían que ser las dinámicas para conseguir eso? ¿Qué quiero con la pelota? ¿Cómo saldría mi equipo si me dieran la oportunidad de salir desde atrás? ¿Qué interacciones tendría mi medio campo con mi defensa o mi extremo con mi lateral? ¿Qué zonas de finalización me gustaría que los jugadores ocuparan? ¿Qué quiero de mi equipo cuando la pierdo? ¿Qué quiero de mi equipo cuando no tiene la pelota? ¿Quiero un equipo que obligue o que induzca al rival al error o quiero un equipo que espere el error y tener espacio a las espaldas del rival? Todo eso viene muy determinado por aquello que me han enseñado mis entrenadores, los entrenadores por los que he pasado, el equipo de fútbol que me ha embobado y apasionado o se ha entrañado su juego en mí.

Entonces primero está la idea del entrenador. Dicha idea debes sistematizarla, estructurarla, definirla bien en sus planos más macros y más micros.

Pero después no es lo mismo ir a Colombia que a Argentina porque las culturas y costumbres son completamente diferentes, el fútbol que les gusta a sus aficionados es completamente distinto. Sin embargo dentro del mismo país no es igual. Por ejemplo, entrenar a Estudiantes de la Plata que a Independiente de Avellaneda. ¿Por qué? Porque cada uno tiene una historia y una cultura muy marcada. Cuando hablamos de Estudiantes de la Plata nos referimos a mística, laboratorio, 'anti fútbol´, razón por la cual la gente prefiere un jugador que se tire al piso para recuperar una pelota que un jugador que tire un caño (túnel). Por ahí Independiente es otra cosa. El Rojo es Menotti.

Hay clubes, sobre todo los grandes, que tienen identidades y culturas muy definidas. Por ahí te vas a un club como Atlético Rafaela, por decir alguno, que no tiene esa historia y no tiene una identidad tan marcada y puedes pensar solo en tu idea.

Pero también están los jugadores que tienes, es decir, no será lo mismo contar con Falcao que con Teo Gutiérrez porque tienen

características diferentes y tú debes idear dentro de la idea de juego subdinámicas que favorezcan y potencien a uno o a otro.

Después creo que hay muchas más cosas que inciden en la forma de juego. Creo que un equipo que está luchando por salir campeón no es lo mismo que un equipo que a lo mejor está luchando por no descender. Y tampoco será lo mismo el modelo de juego si llego a un club que empieza temporada a uno que tiene dos meses para trabajar o a otro al que le faltan 8 partidos y está muy cerca de descender.

Entonces, todas esas cosas (la historia y la cultura del club más el contexto y las circunstancias) junto a la idea del entrenador van a dar el modelo de juego como intención previa.

En resumen, a ti como entrenador te contratan por quien eres y por tu idea. Pero esa idea tiene que adaptarse al contexto al que vas.

## El Modelo de juego como fenómeno complejo y no lineal

Estamos claros que vamos a este club, tenemos estos jugadores y una idea de juego que creemos puede ser la mejor y más conveniente para ese lugar. Ahora, cuando eso lo llevas al entrenamiento y a los partidos surgen interacciones. Emergen cosas que realmente no habías pensado y te van a interesar. Por eso, digo que la periodización táctica es lo más coherente. Porque estás entrenando todo el tiempo esa idea, ese modelo de juego como intención previa y estás buscando fabricar ese jugar. Entonces se van dando interacciones que a su vez van a modular el modelo de juego pero a niveles del contorno, nunca en la matriz, porque si varías la matriz no tienes un punto de partida.

Creo que el modelo de juego es un bucle entre la intención previa, lo que sucede en el aquí y el ahora (que es el entrenamiento y el partido) y lo que reflexiono que me varía contornalmente esa intención previa para de nuevo sufrir interacciones. Por eso el modelo de juego es algo que se construye.

Además es algo que nunca deja de estar en construcción. Siempre está en evolución,

no es algo que se estanca. Pero cuidado que la matriz sigue siendo la misma. Por ejemplo dentro de mi idea quiero defender de determinada manera. Cuando llego a un club propongo defender así, de esa manera. Pero por determinadas circunstancias debemos comenzar defendiendo quince metros más atrás de lo que inicialmente quería. Tal vez con la evolución del equipo, en un futuro, podremos defender quince metros más adelante. Pero la forma de defender sigue siendo la misma.

Repito, el modelo de juego es todo eso y mucho más. El modelo de juego también es el tipo de liderazgo que tenga el entrenador (por ejemplo Marcelo Gallardo imprimió en la forma de juego algo que River no tenía), su forma de entrenar e incluso la influencia de la prensa y la afición.

Por otra parte, el modelo de juego no es algo lineal. La no linealidad implica saber que nosotros hoy damos tres pasos hacia adelante y mañana tenemos que dar dos para atrás porque cosas que el equipo hacía bien dejó de hacerlas, y cosas que nos servían para ganar hoy ya no nos sirven, porque los rivales también evolucionan.

Creo que ese es uno de los factores más importantes de Juan Carlos Osorio en Nacional. Osorio no solo hizo evolucio-

nar a Nacional. También hizo evolucionar al resto de equipos y entrenadores. ¿Por qué? Porque después de conseguir tres campeonatos seguidos el que quería competir contra él tenía que analizar qué hacía Nacional, cómo contrarrestarle y de igual manera buscar mecanismos para mejorar su juego.

Eso ayuda a que evolucione el modelo de juego de un equipo y a su vez el resto de competidores. De igual manera no poder ganarles con lo que les ganaste antes te hace evolucionar.

En definitiva, la periodización táctica al entender que el fútbol es un fenómeno complejo y no lineal: lo que hace es generar o crear una herramienta que trate esta complejidad. La periodización táctica consiste en, ya teniendo este modelo de juego como intención previa, crear unos principios metodológicos muy coherentes que nos permiten la fabricación de este jugar a través de la propia especificidad. Es decir que todo lo que hagamos en el entrenamiento esté completamente relacionado con esa forma de jugar, ya sea a un nivel más grande o más chico. Con esto nos referimos a aspectos más colectivos, aspectos más individuales, o los que quedan entre medio que son sectoriales e intersectoriales para permitirle al jugador la vivenciación constante de ese jugar pretendido y con ello tornarlo no consciente porque sabemos que el noventa por ciento de las decisiones y acciones que el ser humano toma y realiza no son no conscientes. Así que lo que nosotros queremos es meter en el cuerpo del futbolista el jugar para que lo aplique en los partidos de manera subconsciente.

## ¿Qué es la matriz dentro del modelo de juego?

Con ejemplos reales se entienden mejor las cosas. Mi idea de juego en el momento defensivo es bloque medio con líneas muy juntas. Quiero además una marcación zonal con *pressing*, es decir, defensa presionante y en zona; no esperar que el rival cometa el error sino provocar el error del oponente. Eso yo no lo cambio de un equipo a otro. Ahora, sí yo tengo centrales muy rápidos y delanteros que presionan muy bien, esa misma organización defensiva la puedo realizar veinte metros más arriba. Pero sí yo tengo defensores lentos y encima los jugadores de arriba no presionan con la misma calidad que yo quiero (puede que lo hagan en cuatro meses pero no todavía) tengo

que presionar veinte metros más atrás porque de lo contrario estoy poniendo en riesgo al equipo. Cuando hablamos de matriz nos referimos a eso, al soporte ideológico de la raíz.

Aquí también aflora la progresión compleja. "Hoy no puedo, pero a lo mejor de aquí a tres semanas sí". "Hoy puedo pero pasado mañana se me lesiona el delantero que hace la presión, que es líder en eso, y entonces ya no podré". Esa es la progresión compleja, es la causualidad no lineal.

## Los principios

Los tres principios realmente son uno porque la periodización táctica es un pensamiento sistémico y no entiende las partes por separado. Los principios metodológicos posibilitan la fabricación de la forma de juego.

En la periodización táctica nosotros hablamos del principio de las propensiones, del principio de la progresión compleja y del principio de alternancia horizontal en especificidad. Estos tres hacen emerger el gran principio: la especificidad.

El principio de las propensiones lo que dice es que nosotros para incorporar en el jugador un jugar, necesitamos un gran número de repeticiones de lo que queremos que el jugador adquiera. El principio de las propensiones lo que te permite es que haya un gran número de repeticiones de lo que tú quieres. Este principio permite generar contextos más propensos a "X" que a "Y", va una cosa que a otra. Estoy hablando a todo nivel. Ejemplo: sí quiero que mis jugadores adquieran un cierto patrón de cobertura, mi ejercicio debe propender para que eso se repita muchas veces porque sabemos que el aprendizaje viene a través de la repetición.

Ahora, no solo a nivel táctico, no solo a nivel de cobertura. A nivel fisiológico y técnico también. Por ejemplo, un día busco que mientras Xavi Hernández haga muchos apoyos en corto, Dani Alves, en ese mismo ejercicio, tenga unas propensiones a nivel físico, técnico y táctico diferentes a Xavi, que son las que requiere el brasileño dentro del jugar todo, porque sabemos que Alves es un lateral que recorre distancias mucho más largas que las que recorre Xavi. El entrenamiento técnico de Alves debe estar basado en los centros, en la técnica defensiva o en ciertas cosas que él requiere y que Xavi

no porque el centrocampista rara vez te va a llegar al costado para meter un centro o para hacer un uno contra uno. Entonces, las necesidades del entrenamiento para uno y para otro no deben ser las mismas. Esto es un poco lo que dice el principio de las propensiones.

En segundo lugar el principio de la progresión compleja se debe entender desde dos puntos de vista, a corto y a largo plazo. A largo plazo indica que el gran objetivo es conseguir un jugar complejo para nuestro equipo. Sabemos que en tres días no vamos a conseguir enseñarles a los jugadores todo lo pretendido, entonces la progresión compleja es ir de lo más sencillo a lo más difícil. Es decir, sabemos que el jugador no lo va a aprender todo en un día, entonces vamos a priorizar. Elegiremos desde donde arrancar y a partir de ahí ir construyendo ese jugar cada vez más complejo porque con el tiempo van interaccionando más principios y subprincipios que nosotros vamos dando.

Lo voy a explicar con un ejemplo real: nosotros llegamos a Estudiantes de la Plata, con 10 partidos y cuatro puntos, siendo el equipo más goleado y con pronósticos de descenso, con apenas una semana para preparar un partido. Ahí tienes que priorizar y eso fue lo que hicimos. Pensamos tener una

buena organización defensiva primero, que no nos hagan goles porque somos el equipo más goleado y, a partir de ahí, el resto. Comenzamos con lo más fácil. Después construimos un jugar más complejo.

Ahora, para mi es fundamental que el jugador tenga de entrada una visión global de lo que es la idea de juego, de lo que queremos (cuando tenemos la pelota queremos esto, cuando no la tenemos queremos aquello, cuando la perdemos o la recuperamos queremos esto…). Pero después hay que ir a las partes. Ejemplo, sí al lateral le digo haz esto pero él no lo entiende dentro del todo: deja de ser específico. El cerebro funciona de una forma en la que el hemisferio derecho trata más el tema de la globalidad y el hemisferio izquierdo las partes. Por esta razón es fundamental que el jugador entienda las partes dentro del todo para que el ejercicio que estamos haciendo sea intencional. El cerebro procesa un aprendizaje con intención previa de una manera distinta a un aprendizaje sin intención previa.

La idea es construir primero unas bases sólidas. En una casa si yo no tengo sólidos los pilares, no puedo poner el techo porque se me viene abajo.

De otra parte, una de las incoherencias más grandes que encuentro en el pensamiento convencional es la siguiente: ¿por qué cuando los jugadores vienen de un mes de vacaciones en las dos primeras semanas encuentran entrenamientos de alto volumen, sesiones triples y todo físico? Es decir, vienen de estar parados y es cuando más trabajo duro realizan. Eso es incoherente.

Después está dentro de la progresión compleja el punto de vista a corto plazo. Partido a partido también tengo que priorizar según lo que mi equipo hizo mal el último juego, según lo que me voy a encontrar el próximo partido. Si me voy a enfrentar al Real Madrid, que sé que me va a dominar y que tiene un contraataque muy bueno, priorizaré unas cosas que quizá no tendría en cuenta contra, pongámosle, el Rayo Vallecano. Frente al Rayo voy a priorizar más el momento o la organización ofensiva y contra el Madrid a lo mejor tengo que priorizar más la organización defensiva, la transición tras pérdida y la transición tras recuperación porque sé que voy a tener espacios para contraatacar.

Y otra de las cosas que dice el principio de la progresión compleja a corto plazo es que el fútbol, al ser tan complejo, exige un desgaste emocional y mental en el jugador muy grande. Los partidos, que son esfuerzos de máxima exigencia, producen un desgaste terrible para el jugador. Por esta razón pienso que no solo es importante la recuperación fisiológica, también es importante la recuperación mental porque al final el cerebro es el que nos hace mover. Así que nosotros no solo tenemos que preocuparnos por la recuperación desde el punto de vista bioenergético, biomotor del jugador, sino también a nivel cerebral. Y el principio de la progresión compleja habla también de la necesidad de regular la complejidad intelectiva de los ejercicios que vamos a tener durante la semana para llegar frescos al siguiente partido.

Finalmente, el principio de alternancia horizontal en especificidad dice: entrenar siempre en función de la especificidad sin estar en el mismo nivel de especificidad. Es decir, alternar las dominancias a todos los niveles durante el morfociclo. El objetivo es que no haya un solo patrón de dominancia que termine generando una fatiga excesiva. O sea, este día dominan más cosas individuales, sectoriales o grupales y al mismo tiempo van a dominar más determinadas contracciones musculares. Y el otro día van a dominar más aspectos colectivos o ya intersectoriales con contracciones musculares más similares a los patrones que nos pide el partido para tener la funcionalidad del juego. Cierto día entrenamos unas cosas a todos los niveles (fisiológico, técnico, táctico, muscular) y otro día entrenamos otros aspectos. De esta manera potenciamos ciertas dominancias un día y le damos recuperación en los otros.

## El entrenamiento: generación de hábitos

El objetivo es generar hábitos o tornar subconscientemente ese jugar dentro del futbolista porque a nivel consciente el jugador lo entiende todo rápidamente. El ser humano funciona casi siempre a nivel subconsciente. Si funcionáramos a nivel consciente sería terrible, tendríamos que estar pensando como respirar y soltar el aire.

Hay un ejemplo muy claro; si vas siempre a trabajar al mismo lugar desde tu casa, cuando llevas mucho tiempo yendo al mismo sitio, llega un momento en el que dices... ¡Upa! ¡Ya estoy aquí! Y ni te diste cuenta... No fue algo consciente lo que te llevó hasta allí, fue algo subconsciente. ¿Por qué? Porque tu ya vivenciaste tantas veces

ese camino que lo volviste subconsciente. Y eso es en lo que consiste el entrenamiento porque sabemos que generar hábitos deviene de la repetición. Mourinho le llama automatismos. Yo le llamo mecanismos no mecánicos.

Pero, ¿cómo generamos hábitos? A través de experimentar ciertas situaciones muchas veces y generar emociones y sentimientos que después son las que van a ayudar a decidir a nivel subconsciente lo que vamos a hacer o no. Es crear contextos en los que los jugadores vivencien repetidamente, para eso la repetición sistemática del aprendizaje, lo que nosotros pretendemos y que eso acabe generando emociones y sentimientos que modelen o moldeen su cerebro en cuanto a su forma de actuar.

Ahora, tu imagínate, voy a un equipo y le digo a un jugador: "quiero que cuando tengamos la pelota y tú seas el extremo, estés pegado a la línea de banda". Y el tipo a nivel consciente me entiende y lo asimila pero a nivel subconsciente no. ¿Por qué? Porque él siempre jugó por donde quiso. Entonces, arrancamos el entrenamiento y el jugador, mientras está fresco y razona, cuando va hacia dentro inmediatamente piensa y dice: "Epa, verdad que el entrenador me dijo que me pegue a la banda, me voy para allá".

Como vemos, su subconsciente lo lleva a irse para dentro porque es lo que hizo siempre y es lo que él adquirió como hábito. Y eso es lo que dice la Periodización Táctica.

Lo que también pretendemos es producir patrones de respuesta comunes para todos, es decir, que cuando un grupo de jugadores estén ante una misma situación, sepan solucionarla de una forma colectiva. Son acciones a nivel individual e interacciones intencionalizadas, ya a nivel colectivo, que nos permiten la anticipación. Ejemplo, determinada situación de juego fue vivenciada en los entrenamientos y partidos muchas veces de manera individual, sectorial e intersectorial, y se generaron ciertas emociones positivas-negativas. Yo sé que esos mismos jugadores, cuando se vuelva a presentar dicha situación, van a responder de una forma común; un jugador, independiente de la circunstancia en la que esté, conocerá las respuestas que pueden dar los compañeros. Estamos anticipando todo el tiempo.

Digo que es un mecanismo no mecánico porque nosotros sabemos, pero los jugadores deciden. Es decir, hay reglas que marcan a la sociedad. Por ejemplo, un peatón sabe que cuando el semáforo peatonal está en rojo la prioridad para pasar la tiene el

auto. Y nosotros nos regimos por eso. Es así que nos entendemos las sociedades, porque hay ciertos principios y subprincipios que rigen nuestra organización, incluso sin conocernos. Ahora, vamos a imaginar que ese semáforo está en rojo, son las doce de la noche y no viene ningún auto... ¿Qué hacemos? Pasamos. Entonces, no estamos cumpliendo esa regla, ¡claro! Dentro de las reglas el jugador decide.

La Periodización Táctica exige creatividad. La vida es creatividad y el juego debe ser creatividad porque de lo contrario el equipo terminará siendo mecánico, cerrado; por ejemplo, cuando el adversario tapa ciertas vías no sabrá cómo responder. No significa que si la pelota está por derecha yo tengo que obligatoriamente estar en la izquierda, ¡no! Tampoco es hacer lo que nos da la gana e ir al campo y esperar a ver que sale.

La propia palabra lo dice, principios, y un principio, ¿qué es? El inicio de algo, pero no el final. Entonces el principio lo que indica es que sí, por ejemplo, recibo la pelota inmediatamente sé que mis compañeros están teniendo ciertos comportamientos que al final van a ser opciones para mí. Después yo decido de todas esas opciones cual es la que más conveniente según la situación que el

juego nos presenta. Por eso la Periodización Táctica exige creatividad y al mismo tiempo la permite porque si en el entrenamiento los ejercicios son contextos reales del juego e interacciones, que nosotros generamos, los jugadores van a accionar e interaccionar con mayor fluidez y mejor calidad. Y correr alrededor del campo o hacer un sprint sin pelota no permite creatividad, ni acción, ni interacción. Y no te permite que los jugadores que casi nunca juegan conozcan, vivencien, lo que es el juego. Evidentemente el que juega todas las semanas lo está vivenciando por lo menos una vez a la semana. Hay un estudio que hicieron sobre ciertos futbolistas que decía que los jugadores que más partidos hacían decidían mejor, tenían mejores conexiones neuronales a nivel cerebral para las decisiones. Eso es lo que tenemos que conseguir en el entrenamiento ¿Por qué? Porque esos jugadores que juegan sábado-miércoles-sábado-miércoles-sábado-miércoles deciden mejor que aquellos que juegan sábado-sábado-sábado. Es vivenciar todo el tiempo.

## La máxima de la periodización táctica

En la periodización táctica reconocemos que después de un partido, de un esfuerzo de máxima exigencia fisiológico y mental, para volver a estar al mismo nivel hacen falta cuatro días. Esa es una máxima. Y si no entendemos eso, no entendemos la periodización táctica. Es decir, juegas el domingo y el jueves ya puedes volver a estar más o menos fresco para poder tener la misma funcionalidad en un esfuerzo de máxima exigencia. Lo anterior no quiere decir que los días previos al jueves no hagas nada o solo sean de descanso. No. El lunes, martes y miércoles tenemos que privilegiar la recuperación para llegar frescos al jueves. Al tercer y al quinto día puedes adquirir cosas respetando la recuperación. Ahí estas controlando el tema adquisitivo. Al cuarto día ya puedes hacer máxima exigencia. Todo esto con partidos de domingo a domingo, lo que llamamos morfociclo patrón.

En el morfociclo excepcional, con partidos domingos y miércoles, no hay tiempo adquisitivo. La adquisición ya no depende de lo que tú programas y periodizas. Depende de lo que emerge del juego, que no solo tiene que ver contigo, también tiene

que ver con el rival. En esta situación es muy importante estar todo el tiempo recordando a un nivel más teórico porque ya no se da en la cancha lo que es nuestra forma de jugar, una herramienta de ayuda para este fin es el video.

## Las dimensiones

La especificidad se da en diferentes dimensiones. La dimensión colectiva es todo el equipo. La dimensión intersectorial se da en diferentes sectores (la defensa y el medio campo, el mediocampo y el ataque). Después está el lado más sectorial (el sector defensivo, el sector de medio campo, el sector delantero). Luego está el grupal (cómo se entienden el lateral y el extremo derecho). Y, finalmente, está la dimensión individual.

Nosotros tenemos que entrenar en especificidad todas esas dimensiones en el morfociclo respetando la recuperación y la complejidad.

## El principio de la divina proporción

La sensibilidad del entrenador es fundamental. Tu puedes copiar mi ejercicio y decir "bueno, ahí está". Después está tu sensibilidad para intervenir, para cambiar una regla, para que hayan más propensiones hacia lo que tú deseabas que no está sucediendo, hacer crear una emoción a un jugador u a otro, para intervenir en la dosificación de los esfuerzos (cuánto dura el ejercicio y cuánta recuperación le voy a dar). Es algo que depende de muchas cosas, de cómo esté aconteciendo el ejercicio, de qué tipo de partido venimos de jugar el último fin de semana, de qué tipo de partido creemos que vamos a tener el fin de semana que viene, y esa es la sensibilidad del entrenador.

A mí no me importa que vengan a ver mis entrenamientos. Yo tengo una sensibilidad y eso no se aprende. O la tienes o no la tienes. A eso Vitor Frade lo denomina 'El sentido o el principio de la divina proporción', que unos tienen y otros no.

Te voy a poner un ejemplo muy fácil. Tú y yo vamos a hacer un curso de cocina para especializarnos y ser cocineros profesionales. Los dos vamos con el mismo profesor y después yo trabajo en un restaurante normal y tú acabas siendo el mejor cocinero del mundo. ¿Por qué? Porque tú tienes una sensibilidad, tú tienes una dosificación de los ingredientes que le echas, del tiempo, de remover, de la cocción, que yo no tengo. Por eso tú acabas siendo el mejor y yo no.

## Juego de posición: Oscar Cano Moreno

Oscar Cano es un entrenador español. Escritor de varios libros de referencia a nivel mundial sobre fútbol, además es un conferencista reconocido a nivel mundial.

Diálogo con uno de los más amplios conocedores del juego posicional. Entrevista publicada el 20 de enero de 2014 en www.antena2.com.co.

### ¿Qué es?

Es muy difícil sintetizar a nivel conceptual lo que es esta idea, este tipo de querer. Se puede decir que su objetivo es la consecu-

ción de superioridades posicionales en pos de desordenar la organización defensiva rival.

Muchas veces se confunde porque realmente no se entiende tal y como es, y se considera que simplemente se trata de intercambiar el balón de zona y de pie. Y no es así. No es una simple sucesión de pases porque cada pase tiene que llevar consigo el desorden inminente o la posibilidad de ir desordenando, es decir, el pase debe tener una intencionalidad. Para que tenga esa intencionalidad tenemos que contar con una serie de condiciones a nivel estructural y con una serie de condiciones o de objetivos a nivel de funcionamiento. En definitiva, es ir consiguiendo superioridades posicionales y con ello ir ordenándonos a medida que vamos desorganizando al rival. El medio estrella de este estilo de juego es el pase. Los pases no pueden ser pases vacíos de contenido, no pueden ser pases que no supongan nada. Deben ser pases que supongan una inmediata progresión o una preparación para llegar juntos y junto a la pelota al campo rival. El producto final, como en cualquier modelo o estilo de juego, no es otra cosa que ser mejor que el equipo rival y conseguir, aunque sea una obviedad, un mayor número de goles.

# No es cuestión de geometría

Soy de los que piensa que con cualquier sistema se puede desarrollar el juego de posición. Pero antes de hablar sobre los espacios que vamos a ocupar y el tipo de líneas u objetos que se van a formar, que si son triángulos, rombos o todo este tipo de figuras geométricas, tenemos que hablar de "los quienes". Es decir, quienes van a ser y hacer.

Son varios los conceptos y principios. El inicio de la jugada debe ser limpio y para que sea limpio se tiene no solo que saber ocupar los lugares y separarse convenientemente de los distintos oponentes. Además es necesario respetar las distancias óptimas de relación, separarnos para poder separar al equipo contrario, estar situados a diferentes alturas, a diferentes ejes. Todo esto va a desproporcionar lo que son las distancias del adversario y las seguridades que puedan llegar a tener en relación a la proximidad de sus diferentes líneas. Pero para que estos conceptos se puedan llevar a la práctica tenemos que tener en cuenta quienes son los que pueden llevarlo a la realidad y ajustarlo. Es decir en función de quienes son ver que se puede hacer.

Por lo tanto, más que una cuestión geográfica o geométrica tiene mucho más que ver con los sujetos porque realmente se necesitan buenos pasadores en todas la zonas del campo, buenos receptores, gente que entienda que el pase es un regalo y que el pase tiene que procurar que se pueda seguir pasando, es decir, que el juego no acaba en mí. Además, gente que juegue por fuera y sepa perfectamente discernir esa dualidad que hay entre me quedo quieto y fijo o intervengo. Es decir, cuando es el momento en el que mi posición va a fijar a determinados rivales para que puedan jugar los demás, y cuando es el momento en el que yo me puedo aprovechar de lo que previamente he procurado o he facilitado para los otros. En definitiva, se requiere de gente inteligente y de jugadores capaces de saber que el balón es un instrumento que hay que compartir y saber hacer llegar a los lugares determinantes. Evidentemente todos los estilos persiguen lo mismo pero sí que es cierto que el juego de posición lo persigue de diferente manera a otro tipo de jugadores.

# El inicio

El juego de posición no tiene un comienzo. El juego es un continuo en sí, por lo tanto puede iniciarse en cualquier reanudación, saque de portero, propio saque de banda, a partir de una recuperación de balón, a partir de un encadenamiento de acciones y de pases que deben llevar intrínsecamente todos los conceptos o muchos de este tipo de juego. Entonces no tiene un inicio ni tampoco tienen porque estar separados los centrales. Nosotros muchas veces, por copiar el juego de los ganadores y el juego, por ejemplo, bello y plástico que hizo el Barcelona, terminamos haciendo el más absoluto de los ridículos. Es decir, yo prefiero hablar de conceptos, prefiero hablar de que la gente tiene que estar bien separada en función de las circunstancias, que son las que te van a ir demandando si la línea tiene que estar compuesta de dos o tres jugadores, si tengo que estar a treinta metros o a veinte o a quince o a uno, si debo tener muchos jugadores próximos a la pelota y otros muy alejados. Repito, van a ser las circunstancias del juego las que van dictaminando cuales son las necesidades en relación a ese juego de posición.

Evidentemente hay a nivel de estructura una serie de posicionamientos, de ubicaciones, como son que la gente esté a diferentes alturas en el campo, que no estén en el mismo eje los laterales y extremos, aunque en muchas ocasiones puede ser incluso eficaz y puede llevarte al éxito que estén en el mismo eje. Pero repito, prefiero hablar de conceptos más que de formar líneas de tres, de cuatro, de cinco, de dos o que estemos muy separados o poco separados, porque realmente eso lo van a ir dictaminando y aconsejando las propias circunstancias del juego.

El juego de posición tiene como otra de sus máximas el jugar con la defensa del equipo rival. Me explico: para otro tipo de estilo de juego, la presión del equipo adversario representa una amenaza. Para el juego de posición, sí está bien ejecutado, la presión o el *pressing* avanzado te da la posibilidad y te anuncia cómo puedes superar al contrario. Es decir, la organización defensiva elegida por el equipo adversario te va a ir dando los caminos y los itinerarios que tiene que ir recorriendo el balón. Lejos de ser un elemento caótico o que reste posibilidades de progresión en el campo, la presión del oponente es utilizada dentro del juego de posición como un elemento

a favor, que va a ayudar a construir tu propio juego. Realmente lo que más daño le hace a este tipo de juego precisamente son los equipos absolutamente replegados y los que son difíciles de sacar de esas zonas donde se amontonan los diferentes jugadores.

Es necesario tener en cuenta que todas las intervenciones con balón, ya sea a través de conducciones o retenciones en el propio Barcelona muchas veces Andrés Iniesta tiene la posibilidad clara de pasar a algún compañero y prefiere retener la pelota; la retiene un segundo, dos segundos, tres segundos, para amontonar gente alrededor de él y liberar de oposición a otros compañeros, se hacen precisamente para atraer al adversario. Es una invitación continua a desajustarlos, es una invitación continua a separarlos, es una invitación continua a que mi intervención con la pelota tiene que conseguir que el contrario se sienta atraído y abandone determinados espacios que son muy significativos para poder progresar. Por eso siempre hay jugadores que yacen escondidos o visibles no solo detrás de las líneas enemigas, como decimos nosotros, sino también en el lado débil de las mismas. Es decir, recibir a la espalda de las líneas de presión, en el lado débil de las propias lí-

neas de presión y que eso vaya provocando situaciones ventajosas para los jugadores que tienen en sí el mayor poder de desequilibrio. También tiene que ver con esa provocación de pasillos de penetración. Fíjate cuantos goles ha conseguido el Barcelona no solo a través de una penetración directa de los jugadores más adelantados, sino de gente que llega de segunda línea aprovechando todo este tipo de desajustes que provocan los jugadores exteriores y la circulación de balón. Ahora mismo te puedo decir que Cesc Fábregas es uno de los máximos goleadores del Barcelona llegando de posiciones retrasadas. De igual manera, en el segundo o tercer año de Guardiola, Xavi Hernández también sumó un importante número de goles. El propio Seidu Keita siempre encontraba ese pasillo entre el lateral y el central. Todo este tipo de objetivos son los que persigue el juego de posición. De igual manera, cada jugador siempre debe reconocer cuáles son las referencias posicionales, saber más o menos donde puede andar anclado y donde pueden andar ubicados los diferentes compañeros. A partir de ahí, evidentemente atendiendo a las circunstancias, a los movimientos, a todo lo que son las fijaciones y como vamos moviendo el sistema defensivo rival:

ir encontrando eso de lo que tanto se habla, el libre de oposición.

La idea es que el equipo tenga un avance simultáneo junto a la pelota. Sabemos que hay muchísimos equipos en los que la pelota llega a campo contrario y nunca se llega de manera simultánea (la pelota y los jugadores). Y de eso también trata el juego de posición, de arribar, de llegar, de ocupar el campo contrario a medida que vamos avanzando, es decir, que no llegue la pelota antes ni después, sino que viajemos juntos y lleguemos a la vez.

## Los principios

1. **Inicio y salida:** Es construir superioridades numéricas y posicionales, sobre todo posicionales, desde tu propia línea de fondo. Es vital que los primeros jugadores (portero, centrales, algún medio centro que se pueda incrustar e incluso los laterales en función de quienes son y la altura de ubicación) tengan un buen sentido del pase. Deben saber que el balón y el pase tienen que ir colectivizando el juego. El pase no puede

dispersarme, no puede dispersar a nadie, sino que con el pase estamos indicando que este juego les pertenece y hace partícipes a todos.

Este es un proceso muy controlado, que requiere de mucha precisión. Es un proceso que requiere gente que, más allá de tener una gran calidad técnica, reconozca perfectamente cuál es el mejor pase entre la gama de posibilidades que tiene en frente, saber cuál es el primer pase o el pase más óptimo o idóneo para que se pueda seguir circulando de manera eficiente la pelota. El objetivo es que desde los primeros pasadores se vayan generando ese tipo de superioridades y se vayan eliminando las primeras líneas de oposición.

2. **Hombre libre:** Es precisamente al que hay que ir buscando con cada pase. Muchas veces no es buscarlo porque muchos de los jugadores que yacen detrás de las diferentes líneas de presión o que yacen en un costado sin oposición, no se reconocen, no saben que son los beneficiarios de toda esa circulación de balón. Es decir, se trata primero de recono-

cerse como hombre libre. Otra de las cosas claras que tiene este tipo de juego es que el jugador tiene que empezar a olvidar ese topicazo que hoy invade al fútbol y que es la falta de movilidad. En el fútbol no hay una falta de movilidad ni mucho menos. Lo que hay es un exceso de movilidad, lo que hay es un exceso de carrera irreflexiva, lo que hay es un exceso de protagonismo, de invasión del espacio del compañero y de desmarques simultáneos al mismo espacio con el objeto simplemente de entrar en contacto con la pelota cuando realmente el objetivo, más que yo entre en contacto con la pelota, es que el equipo pueda ir pasándose el balón y pueda ir desorganizando la organización defensiva rival. Pues el hombre libre es eso, es decir, saber que cuando yo conduzco, conduzco sobre alguien o hacia el espacio de alguien al que quiero atraer para ir liberando a determinados compañeros de la oposición y si no hay una liberación absoluta por lo menos que esa oposición se separe de determinados jugadores. Por ejemplo, en el Barcelona de los primeros años de

Guardiola continuamente el gran beneficiado de la circulación de balón entre Iniesta, Xavi, Busquets y algún otro compañero era Lionel Messi, que siempre encontraba, cuando la pelota le llegaba, a su par a una distancia que le permitía desenvolverse con holgura. El maestro de ser hombre libre continuamente y de saber que no siempre a través de la movilidad se puede ser receptor de esos pases es Andrés Iniesta. Él siempre está bien ubicado, es capaz de aguantarse y estar treinta segundos a la espada de una línea sin ni siquiera moverse, sin ni siquiera pedir el balón, sin ni siquiera invadir espacios que no le competen, porque él sabe y reconoce que el sentido de esa circulación puede llegar a hacerle hombre libre. Se trata de eso, de ir liberando oposición, de ir sacándole la oposición a los compañeros.

3. **El tercer hombre:** Si hay una línea de pase impedida entre tú y yo, necesitamos un tercero. Si tú eres el que porta la pelota y vas a pasarle a un segundo, y esa línea de pase está impedida, necesitamos un tercero. Se puede dar tanto en profundidad

como en anchura. Un ejemplo en anchura sería cuando hay un delantero que evita el pase entre centrales y hay un medio centro que se pone a la altura de los dos o por delante de ellos y que hace que a través de su apoyo el otro central pueda recibir un pase del central que tiene la pelota. Como esos centrales, en principio, no pueden comunicarse entre sí necesitan o requieren de la participación de un tercer elemento. Después evidentemente hay terceros hombres con mucha más complejidad en otras zonas del campo, pero evidentemente como explicación sencilla es la necesidad de un tercer elemento ante una línea de pase impedida entre el elemento A y el elemento B, es decir, el apoyo del elemento C.

4. **Distancias de relación:** Nosotros tenemos que separarnos óptimamente para separar. Y para eso evidentemente hablamos de las situaciones de emplazamientos de jugadores. Tiene que ver con situarse a diferentes alturas y a diferentes ejes porque eso es lo que realmente va a desproporcionar o va a ir desproporcionando.

5. **Recibir a la espalda del oponente:** Muchas veces vemos a muchos equipos que son acosados permanentemente por diferentes líneas de *pressing* de los adversarios y que evidentemente no saben superarlas o rara vez las superan a no ser que sea con un pase de larga distancia. Estar bien ubicados a la espalda de la línea de presión es básico.

6. **El pase lateral:** Es el pase que realmente elimina y el que te da o te otorga las posibilidades de profundidad. Muchas veces confundimos conceptos y creemos que la línea recta es la línea más segura y no es así. Muchas veces ante la presión del adversario y por esa condensación de jugadores alrededor de la pelota jugar en profundidad es perder el balón. Sin embargo, un pase lateral realmente es el que supera todas esas líneas de presión porque aunque sea un pase lateral o un pase horizontal lleva en sí la verticalidad. Después los siguientes van a poder recibir en profundidad.

7. **Atraer:** Es concentrar jugadores oponentes sobre determinados es-

pacios para poder encontrar a los jugadores alejados propios. Jugamos entre cercanos para atraer un buen número de adversarios alrededor nuestro y que los alejados sepan que tienen que seguir alejados porque después van a ser los beneficiarios de ese intercambio de pases sobre un mismo espacio.

## El juego es indivisible

El fútbol es un todo y no se puede separar. La recuperación inmediata en equipos, como se bautizan ahora de transiciones y muy verticales, no se puede hacer. ¿Por qué? Porque los jugadores se separan. Entonces, si los de arriba se separan y no le otorgan tiempo a los de atrás para que se vayan juntando con ellos, es imposible juntar las líneas en campo contrario e iniciar una recuperación inmediata una vez que se pierda la pelota. Sin embargo, a medida que tú vas juntando pases, que los vas sumando, vas otorgando tiempo para que los hombres y las líneas de tu equipo se vayan aproximando entre sí y vayan llegando al campo rival. También a medida que tú vas juntando pases y que los vas sumando estás condicionando y dando tiempo para que el equipo adversario repliegue y se vaya situando cerca de su propia portería. De esta manera, el contrario quedará cerca de su portería con pocos efectivos delante de la pelota, y como le has dado tiempo y calidad a la circulación, la resultante será que en pocos metros estarán tú y el equipo oponente. Cuando el adversario es capaz de recuperar dispone de pocos elementos por delante para pasarle el balón y tú estás absolutamente condensado y bien dispuesto en las inmediaciones del área rival. Con todos estos elementos hay una pregunta clave: ¿para qué venirnos hacia atrás si ellos, cuando la recuperan, no pueden transitar bien porque no tienen jugadores por delante de la pelota? Pues bien, si estamos aquí y ellos no pueden pasar la pelota hacia adelante es un momento idóneo para intentar recuperarla. Repito, no se puede separar defensa y ataque, lo que hagas con el balón te va a ir condicionando, te va a ir diciendo y te va a ir anunciando lo que puedes hacer cuando lo pierdes. Si mi equipo se separa, si mi equipo quiere llegar muy rápido a la portería rival o con pocos efectivos, en el momento de la perdida, el equipo contrario estará escalonado (no le ha dado tiempo

de replegar) y dispondrá de jugadores por delante de la pelota, razón por la cual sería un suicidio salir a por ellos, porque ni somos los suficientes ni estamos bien organizados y evidentemente eso no va a tener éxito.

## La presión alta del rival antes de ser enemigo es un aliado

La manera como ejecute la presión el rival en número, movimiento y organización, te irá anunciando cómo puedes salir. Es decir, si van de una manera habrá unas soluciones y si van de otra habrá otras soluciones.

Como antes he dicho, es una alegría ver aquellos equipos que van a buscarte a tu campo. ¿Por qué? Porque este tipo de juego te educa mucho a saber encontrar por donde puedes salir en función de por donde ellos están intentando impedir que salgas. Si atendemos a esa vertiente estructural tenemos que saber separarnos, tenemos que saber también a qué distancia están los delanteros, a qué distancia está la siguiente línea, si los receptores pueden ser los jugadores de primera línea (centrales), sí los laterales tienen que hacer algún tipo de movimiento, si los laterales se tienen que

retrasar para que sean los mediocentros los que reciban. El verdadero hombre libre, cuando Juanma Lillo entrenaba al Almería, en este tipo de *pressing* del equipo contrario, era siempre Soriano, quien era un increíble receptor, pero previo a ser un increíble receptor de cualquier tipo de pase con cualquier tipo de trayectoria, era un muy inteligente jugador que iba reconociendo cuales eran las necesidades y en función de eso se iba ubicando en el terreno de juego. Muchas veces recibía cerca del arquero, otras veces recibía a las espaldas de los primeros que presionaban y otras recibía a la espalda hasta de una segunda línea puesto que el portero, Alves, era capaz de pasar con soltura y eliminar dos líneas de presión. Cuando el *pressing* es muy alto seguramente alguien va a quedar libre y si está bien educado va a saber reconocer el espacio que tiene que ocupar para ser él la solución. En definitiva, es una oportunidad única para este tipo de juego el hecho de que haya equipos que vengan a buscarte porque esa misma búsqueda por la recuperación del balón te va a otorgar las soluciones que tienes que ir planteando.

Cuando el oponente no viene a buscarte, en primer lugar hay que tener mucha paciencia y saber que si no quieren salir hay

que invitarles a hacerlo. Y ya que están juntos, si en esas invitaciones permanentes a salir no somos capaces de sacarlos porque realmente no quieren venir a bailar, hay que juntar a muchos en determinado espacio. Ya que no quieren salir y quieren estar juntos, vamos a juntarlos más. Muchas veces la desproporción entre las distancias de los diferentes jugadores que conforman el equipo adversario no tiene que ver con separarlos, sino juntarlos en un determinado espacio y saber que ahí juegan un papel fundamental los jugadores exteriores porque son elementos que van a permitir darle amplitud al campo, aunque las medidas del campo son las que son. Esos exteriores no deben tener ningún tipo de prisa por intervenir, no tienen que tener ningún tipo de obsesión por entrar en contacto con la pelota. Además, tienen que saber fijar a la gente de fuera para permitir que esos micro espacios que se han generado sean un poquito más grandes para sus compañeros de dentro y entender perfectamente que en algún momento de esa circulación, cuando el equipo defensor o los  opositores se junten y evidentemente traten de cerrar los espacios interiores, van a ser determinantes porque la pelota va a salir por fuera y allí ellos tienen que generar peligro.

Es importante también la llegada de jugadores de segunda línea porque ante este tipo de equipos las jugadas son prácticamente de balonmano. Los rivales muy replegados, casi pertrechados en las inmediaciones de su área, parecen equipos de balonmano que están defendiendo esa línea de siete-nueve metros. Ahí la llegada de jugadores de segunda línea, como por ejemplo Dani Alves en el Barcelona que es determinante. También hemos visto en los primeros años del Barcelona ese tipo de acciones en Keita y Xavi, entre otros.

## Los medios: conducción, retención

Cada conducta (retenciones, conducciones, pases) debe invitar a que el equipo adversario tenga la necesidad y la urgencia de salir en búsqueda de la pelota. Por eso decíamos que la presión del equipo contrario es realmente un medio utilizado por los poseedores de la misma más que para la recuperación del equipo que decide ir en búsqueda de robar la pelota.

La conducción es un medio muy práctico, pero el jugador que conduce tiene que saber que sus conducciones deben provo-

car algo no solo cerca sino también lejos y en espacios intermedios. Algo está pasando, algo está ocurriendo mientras él conduce y tiene que ser consciente de ello porque hay jugadores que juegan a conducir en vez de utilizar la conducción como medio para poder jugar mejor, que es diferente. No es lo mismo el jugador que juega a conducir que el jugador que utiliza la conducción para poder jugar mejor. Por lo tanto te encuentras ejemplos de ese uso exagerado de la conducción, o de conducir por conducir, o de conducir sin tomar consciencia y sin tener en consideración lo que vas provocando.

En otros casos, se elige sumar pases sobre determinado espacio hasta que realmente salgan algunos jugadores y eso pueda ir suponiendo o condicionando el valor defensivo del equipo rival porque realmente no se trata de hacer las cosas por hacerlas sino de ser consciente de que cada conducta propia tiene unas consecuencias a nivel colectivo.

## El entrenamiento

La mejor manera de poder entrenar el juego de posición es reproduciendo aquello que pretendes hacer en competición, es reproducirlo en entrenamientos. Evidentemente, tienes que jugar con la complejidad para que el jugador vaya tomando consciencia de lo que puede hacer pero no puedes desvirtuar el juego. El medio elegido puede ser un rondo, una situación con más o menos jugadores, una situación reglada de alguna manera para que vayan sucediendo o apareciendo toda esta serie de conceptos, pero realmente nosotros lo que tenemos que saber, como punto de partida, es que los conceptos tienen que estar insertados en los jugadores. Nosotros no le vamos a introducir al jugador ningún concepto. Nosotros sabemos que el jugador es capaz de hacerlo, que tiene potencial para hacerlo y por eso lo ponemos a que lo haga porque magia es lo que no hay en el fútbol.

Nosotros tratamos de que la palabra entrenamiento y la palabra juego se parezcan lo máximo posible. Es decir, la gente no puede ir a entrenar como una mera reproducción de conductas, de hábitos o de mecanismos, sino que tiene que ir a enfrentarse

con lo que es la complejidad intrínseca de este juego y que a partir de ahí vayan apareciendo los conceptos. Sí juegas al fútbol de una determinada manera, con una serie de requisitos, con una serie de información, acaban apareciendo los conceptos. Por eso, el entrenamiento tiene que parecerse muchísimo a lo que después va a ocurrir en la competición.

Se puede entrenar, como dije, a través de cualquier tipo de situación de entrenamiento, ya sea en forma de rondo, ya sea en forma de partido, ya sea en forma de partido condicionado, ya sea a través de una situación mucho más real. Pero más que tener que ver con la forma de entrenarlo, que es importante, tiene que ver con los jugadores que van a entrenar. Nosotros tenemos que ser observadores, analizar cuáles son las posibilidades de aprendizaje de la plantilla y de los jugadores que conforman el equipo. Realmente todos los conceptos que hemos diseccionado aquí están dentro de los propios jugadores, aun no sabiendo ellos que les pertenecen.

Voy a poner un ejemplo, si fuese cuestión de entrenamiento Puyol dominaría este juego mejor que Piqué porque el primero tiene más edad y más entrenamientos que el segundo, que es más joven y estuvo en

el Manchester United. Sin embargo, este juego lo domina mejor Piqué porque éste juego le pertenece a él. ¿Qué quiero decir con esto? Que nosotros somos simples recolectores de lo que los jugadores son capaces de hacer. Nosotros le podemos dar forma a nuestra organización, o a nuestro equipo, en función de lo que seamos capaces de descubrir y de inventar a partir de la naturaleza propia de nuestros jugadores.

Muchas veces más que el juego, o más que la situación de entrenamiento en sí, es cómo están relacionados los jugadores y lo que emerge de esas interacciones. Por ejemplo, sí yo propongo una situación de contraataque muy bien reglada en la que dejo conscientemente unos espacios deshabitados para poder ser aprovechados y el que tiene que percutir por esos espacios es Riquelme, pues el enganche argentino siempre va a venir al pie por más que yo le indique y le deje espacios a la espalda de la línea defensiva. Siempre la tendencia de Riquelme será jugar al pie. Por lo tanto, quiénes son los jugadores y cómo están relacionados entre sí es realmente el jugo de este deporte. Es lo mismo si nosotros ponemos a Di María, Benzema y Cristiano Ronaldo sobre determinado espacio y les decimos que tienen que juntar pases, que

deben hacer un número determinado de pases. Evidentemente ellos no lo van a hacer, van a buscar inmediatamente la portería porque es su forma natural de jugar. Sin embargo, si yo no le digo nada a Xavi, Busquets e Iniesta, ellos si van a ser capaces de conseguir un número elevado de pases. Generalmente estamos condicionados y contaminados por agarrar el ordenador y diseñar la mejor situación de entrenamiento posible y nunca tenemos en cuenta quiénes son los que la van a ejecutar y si son capaces de desarrollar aquellos conceptos que yo pretendo introducirles en su cerebro.

Hablé de interacciones y de mezclas. Muchas veces no se trata de tener buenos pasadores en primera línea, sino que hay que tener en cuenta los siguientes, es decir, los que van a ser los receptores de esos pases, si son jugadores capaces de perfilarse bien, de orientarse bien, de darle la salida conveniente, de recibir y dar continuidad. Tiene que ver con un todo, no podemos fijarnos en una sola línea, ni en una sola posición, ni en una sola demarcación, porque lo que realmente tenemos que ver es que todo eso fluya con absoluta normalidad, con absoluta naturalidad.

Por otra parte, la propia técnica está educada por la capacidad de decisión. No es

que Víctor Valdés tenga unos pies privilegiados. Estoy absolutamente convencido de que cualquier portero de alto nivel es capaz de pasar con precisión a diez, veinte o treinta metros. Sin embargo, Valdés sabe elegir a quien pasar la pelota para que a partir de ese pase puedan seguir sucediendo cosas. ¡Esa es la diferencia! La técnica está educada para tu capacidad decisiva y yo tengo un ejemplo muy claro: cuando me tocó dirigir al Polideportivo Ejido, hace unos años, teníamos al portero menos goleado. Sin embargo él no quería ser partícipe de la circulación del balón porque según su opinión no tenía la precisión, la calidad, ni el nivel suficiente como para pasar con absoluta facilidad a diez, veinte o quince metros. A través de una serie de situaciones de entrenamiento él poco a poco fue descubriendo que más que tener esa calidad para controlar y pasar, la clave de su éxito tenía que ver con saber o con decidir a quién le tenía que pasar el balón para que su equipo pudiese seguir manteniendo la posesión de la pelota. Quiero decir con esto que evidentemente muchas veces el mínimo para pasar y controlar lo tienen casi todos los jugadores que están en la élite. Sin embargo, la diferencia es que unos saben discriminar perfectamente los estímulos relevantes y saben

decidir hacia donde pasar. Además saben que ese pase debe tener esa sustancia para que el que lo reciba pueda continuar proponiendo cosas.

Uno de los grandes maestros de este tipo de juego, en su época de futbolista, era Pep Guardiola. Cada pase de él te iba anunciando el resto de la jugada. Y Pep no era un virtuoso, no tenía un dominio extraordinario, ni tampoco disponía de una gran variedad de pases. A nivel de superficie solo utilizaba el interior del pie. Pero siempre le pasaba la pelota al jugador conveniente para que su equipo pudiese ser superior o pudiese seguir construyendo las jugadas de manera mucho más facilitadas.

## Las conductas, los miedos y los complejos

Creo que todo el mundo piensa. Los jugadores van pensando lo que van haciendo. Lo que pasa es que muy pocos saben verbalizarlo o tomar consciencia de lo que han hecho. Que Messi no sepa decir que ha hecho no indica que no sepa hacerlo. Una cosa es el conocimiento declarativo y otra cosa es el conocimiento conductual o comportamental. Ahora, hay jugadores que son mucho más reflexivos, que van tomando conciencia clara de lo que van provocando, de lo que son sus conductas. Pero evidentemente no podemos ir en contra de esos jugadores diferentes o de esos jugadores que esporádicamente enseñan cosas maravillosas. Sin embargo es obligación nuestra conformar una organización en la que cada jugador pueda poner de manifiesto lo que son sus mejores atributos y entender que cada jugador tiene unas capacidades y que su relación con las capacidades del resto da origen a una serie de cosas que pueden ocurrir dentro del campo. La obligación es saber relacionar a esos genios dentro de la consciencia colectiva. El gran poeta granadino Luis García Montero decía que hay gente que entiende la libertad como una forma de participación en el todo. A mí me parece genial esa reflexión.

Respecto a los miedos, por ejemplo, cuando un central ante una inminente presión del oponente decide tirarla larga creo que esa situación en sí tiene un montón de miedos, no solo del que tiene el balón (él tiene miedo porque heredó el miedo de otro, en este caso de los distintos entrenadores que ha tenido) sino también de los compañeros. Son miedos heredados y al

final eso se hace hábito. Terminan creyendo que su seguridad es mucho mayor haciendo eso, tirando la pelota larga. Pero no es solo una cuestión individual porque precisamente los jugadores que tiene alrededor tampoco se acercan, los más adelantados se alejan de la pelota y están solicitando el pase en profundidad y el arquero no quiere volver a ser receptor. El arquero te la da pero no quiere volver a recibirla porque realmente considera que el riesgo es excesivo. Eso tiene que ver con la confianza de la persona que en este caso está como entrenador y tiene también que ver con una organización de origen colectivo.

Todo es cuestión de educación. Por ejemplo, nosotros tomamos una decisión en el Granada cuando yo dirigía este equipo. Teníamos dos puntas, dos delanteros muy altos, muy fuertes, referentes y realmente buenos receptores de espalda a portería que cualquier envío eran capaces de hacerlo bueno. No teníamos una segunda línea muy potente, entonces muchas de las jugadas morían ahí. Decidimos pues jugar con un solo punta e incluso hubo alguna época en la que yo le decía al delantero referente que nunca mirase al central, es decir, que mirase a otro lado cuando el defensor tenía la pelota porque era muy sugestivo para

el central tirársela al grande para alejar el problema porque sabía que el grandote era capaz de bajar la pelota y retenerla en campo contrario. En definitiva, a dicho central le quitamos un delantero y le pusimos otro mediocentro, es decir, le fuimos acercando las referencias y con todo este tipo de organización lo educamos para que buscara soluciones en corto y no en largo para que no quedara expuesto y fracasada la acción.

# CAPÍTULO II

## EL MODELO DE JUEGO Y EL MÉTODO OSORIO: BASES IDEOLÓGICAS, PRINCIPIOS DE JUEGO E INTERACCIÓN DE PRINCIPIOS

### Bases ideológicas

Juan Carlos Osorio es una mezcla de corrientes de pensamiento diversas y universales. Sus ideas sobre el juego y el entrenamiento del mismo se fundamentan en experiencias propias y ajenas que se han ido construyendo con el paso del tiempo. El pensamiento de Osorio está contaminado por todo lo que ha recogido en diferentes lugares del mundo. En Colombia, Inglaterra y Estados Unidos Osorio ha encontrado cómplices e inspiradores en la construcción de su ideario futbolístico. De el Chumy Castañeda, Alex Ferguson, Louis Van Gaal, Marcelo Bielsa, Vern Gambetta y Pep Guardiola ha aprendido el técnico colombiano.

A continuación, presentamos una conversación genuina entre Jorge Andrés Bermúdez y Juan Carlos Osorio sobre las bases ideológicas de su modelo de juego y su método de entrenamiento.

## El modelo

Dicen los psicólogos y los que analizan el comportamiento del hombre que los seres humanos nacen con ciertos rasgos en su personalidad. La otra parte del carácter se construye a través de todas las experiencias vividas (buenas, regulares y malas). Crecí jugando 1-4-3-3 en los años 80 cuando llegué al Deportivo Pereira. En esa época los extremos eran Jaramillo, el Chumy Castañeda, Jairo Aguirre, Benjamín Cardona. En mi etapa de adolescente todos los equipos jugaban con extremos. Recuerdo, por ejemplo, que Millonarios tenía a Willington Ortiz, Juanito Moreno y Eladio Vásquez.

De igual manera tuve la oportunidad de jugar con Jhon Edison Castaño en la selección Risaralda y cuando enfrentábamos a Caldas en el clásico de la región, ellos tenían al "Panelo" Valencia. Me tocó también compartir con Ponciano Castro y Rubén Vélez (su hermano era Libardo, el extremo derecho del Medellín). Y puedo nombrar muchos más.

Desde esa época nos identificamos plenamente con el 1-4-3-3. Y digo que nos identificamos porque Pompilio Paéz, uno de mis ayudantes, también jugó en ese tiempo, vivió eso. Es más, con el profesor Humberto Sierra, que trabaja en Nacional, siempre hablamos del América que a él le correspondió: Bataglia de extremo derecho y Los pitufos, Antony de Ávila que jugaba más como 9, pero también podía actuar por fuera y el "Pony" Maturana. Jugadores habilidosos a los que les gustaba estar por banda, libres, alejados, encaradores, siempre buscando el duelo para poder enfrentar y ganar.

Entonces, ese fue el inicio, el nacimiento. Desde aquellos años nos identificamos con esa idea futbolística.

Esto lo tengo que complementar con el hecho de que yo jugaba de interior en el 1-4-3-3 y participando del juego en esa posición vi como resolvíamos muchas situaciones simplemente buscando al extremo, 'extendiendo' al jugador más alejado, al libre, al de banda, para que encarara, driblara, eludiera a uno o dos y luego finalizara o asistiera al centro delantero o a los volantes llegadores. Crecí con esa idea. Siempre creí que esa era la mejor forma de simplificarlo todo y evitar tanta confusión, tanto caos y tanto amontonamiento por dentro.

Y la segunda parte fue acumular información y experiencias de otros lugares del mundo viendo al Barça, no tanto de Guardiola, sino al de Van Gaal en 1999 con una modificación al sistema, jugando con tres defensores centrales y figura de rombo en el centro del campo más dos extremos y un delantero centro. Eso fue algo que me impactó, como el Ajax del propio Van Gaal.

También recuerdo que veía jugar a Guardiola como mediocentro y observaba que no necesariamente este jugador era un recuperador de balón, sino que tenía dentro del juego posicional un tremendo protagonismo en la circulación de la pelota.

Después, obviamente, todos hemos visto al Barça y al Bayern Munich de Pep.

De igual manera, los equipos de Marcelo Bielsa me han inspirado. De todos ellos he aprendido, pero indiscutiblemente lo que consolidó mi pensamiento fue el hecho de

haber nacido y crecido bajo la idea de jugar con extremos.

En el año 2001 tomo la decisión, ante una oferta del Manchester City, de ir al fútbol inglés. Creía que allá el juego era diferente al nuestro, menos pases cortos, más pases medios, largos y profundos. Un juego más directo. De hecho ya había tomado el curso en Inglaterra y me había dado cuenta que efectivamente era así.

Foto extraída de @AndreaGuerreroQ

Cuando regreso me encuentro con la gran fortuna de tener de vecino al Manchester United, al que me permitieron ver entrenar y trabajar puesto que nosotros jugábamos en otra categoría (el City había descendido). Y para sorpresa mía descubro que el señor Alex Ferguson también creía firmemente en el juego de extremos. Recuerdo, por ejemplo, que por la banda izquierda jugaba Richard Irving, un irlandés y más adelante Ryan Giggs. Y por el canal derecho jugaba Gary Neville y más profundo David Beckham. Para cualquier desprevenido era un 4-4-2. Pero no, en realidad era un 4-2-4 con dos delanteros de área que casi siempre eran Dwight Yorke y Andy Cole más dos volantes centrales, Robbie Keane para proteger la defensa de cuatro, y un llegador como Paul Scholes. Ahí corroboré que en el juego de banda es importantísimo un muy buen servicio, como el de Beckham y un muy buen *dribling* como el de Giggs. O mejor aún, la combinación *dribling* con el buen servicio.

Finalmente, otra cosa que no puedo dejar pasar por alto es la gran influencia en mí de la escuela holandesa. Tomé la licencia en Holanda en el año 1997 y fui a un curso exclusivamente para ver como trabajaban y ejecutaban el juego de banda. Además los holandeses son expertos en el 1-4-3-3 y el juego posicional.

Si realmente miramos esto como conclusión, la raíz del gran éxito del Barcelona de Guardiola, tenemos que valorar un proceso de muchísimos años, que inició Rinus Michels, pasó por Johan Cruyff, Louis Van Gaal y Frank Rijkaard. Los holandeses son básicamente los que más se han identificado con el 1-4-3-3 y el juego de posición. Basta recordar el Mundial de 1978 en Argentina: Rensenbrink, Neeskens, Krol, un central que salía jugando, Jongbloed, un portero iniciador del juego, etc.

Finalmente, y esto es muy importante aclararlo, nuestra idea de juego no solamente se basa en los extremos y el juego posicional. El modelo nuestro está compuesto por otros registros que se presentan en las diferentes fases del juego. Nuestro jugar tiene matices porque la complejidad y los misterios que guarda este complejo y hermoso juego llamado fútbol así lo exigen.

## El método

Crecí aprendiendo el juego a través del juego. Los expertos en actividades de destreza y coordinación neuromuscular y

deportes colectivos dicen que son necesarias aproximadamente diez mil horas de vivenciación para llegar a la experticia. En la época nuestra, en los años 80, se jugaba fútbol todo el día y a todas horas. Con la modernización, la globalización y los cambios que ha experimentado el mundo es imposible jugar en la calle, en el campo, en la playa o en el monte como si pasaba antes.

Nosotros, hablo de los de mi generación, aprendimos a jugar el juego jugando. Por ejemplo, aprendimos a utilizar el borde externo en el tres contra tres más un neutral que nos inventamos en la calle. El jugador neutral era el andén. Entonces uno enfrentaba en un duelo uno contra uno al rival y de borde externo hacia rebotar el balón contra el andén y salía por el otro lado. Era la pared con el andén o la jugada del bobo que llamaban en esa época. Así conocimos esa superficie de contacto y aprendimos a superar defensores mediante su uso. Por esta razón siempre creí, y creo, que el juego se aprende y se mejora a través del juego mismo.

Entonces desde muy temprana edad comenzamos a jugar con un hombre extra y lo fuimos colocando estratégicamente en la mitad del campo o por fuera, dependiendo de las pretensiones. Obviamente con el correr del tiempo nos dimos cuenta que cuando se jugaba con normas muy específicas y algo "rudimentarias" se aprendía más del juego. Es más, recuerdo que teníamos un entrenador en el colegio que nos daba cinco pases para llegar al arco y entendíamos que había que elaborar menos y jugar más directo. Pero también recuerdo que había juegos en los que teníamos que dar diez pases consecutivos antes de finalizar, era todo lo contrario: elaborar más y jugar menos directo.

Por otra parte, a medida que fui creciendo tuve la posibilidad de estar con muchos entrenadores trabajando y empecé a entender que cuanto menos jugaba fútbol y más corría, menos tenía la posibilidad de jugar bien porque el día del partido experimentaba cosas nuevas, me sentía extraño e incómodo con el balón.

Y ya en mi última etapa como jugador, cuando me fui para Estados Unidos, me sorprendió sobremanera ver como entrenaban el baloncesto. Siempre en inferioridad numérica o en superioridad numérica. Por ejemplo, jugaban tres contra cinco. Mientras los que eran tres podían driblar y hacer la cantidad de pases que quisieran, los que eran cinco como máximo podían tener la pelota cuatro segundos o pasár-

sela entre ellos con un limitado número de pases. Me di cuenta que eso lo podía aplicar en el fútbol para motivar, enfatizar, promover la gambeta, el uno contra uno, el juego asociado, el juego directo… Entendí que cuanto más conociera el juego y tuviera posibilidades de ponerle restricciones podía trabajar cualquier comportamiento individual y/o colectivo.

Luego, también en Estados Unidos tuve la gran fortuna de conocer a Vern Gambetta (para muchos es el padre del entrenamiento funcional). Recuerdo que él me dijo: "Usted conoce la fisiología del deporte, sabe cómo trabaja el ser humano y entiende el juego. Entonces lo que tiene que hacer es unir las dos y hacer todas sus ejercitaciones en función de esa interacción". Desde el año 1997 vengo haciendo todas mis ejercitaciones siguiendo la orientación de Vern Gambetta.

Gambetta nunca fue entrenador de fútbol, no. Él me dio como ejemplo el baloncesto. Recuerdo que más puntualmente me dijo: "Yo conozco la fisiología del deporte y el juego del baloncesto. Nunca voy a conocer el fútbol como lo puede conocer usted porque lo jugó, es su pasión y lo ha estudiado. Entonces lo que usted tiene que hacer con el fútbol es lo mismo que yo hice en el baloncesto. Unir la fisiología del

deporte con los gestos técnicos". Fue por eso que empecé a probar, como decía, en el año 97 en Nueva York con un equipo al que llamábamos 'Los Criollos'. Los utilizaba como 'conejillo de indias' y con el apoyo de algunos monitores cardíacos empecé a hacer ejercitaciones de 5 contra 5, 6 contra 4 y 5 contra 5 con dos canchas a 40, 50 y 30 metros de distancia. Gracias a esto empezamos a trabajar y evaluar los diferentes comportamientos técnico-tácticos, fisiológicos (al medir la frecuencia cardíaca) y la exigencia. Apuntamos, analizamos y nos dimos cuenta que el señor Gambetta tenía toda la razón cuando decía que a través del juego mismo se podían entrenar casi todos, por no decir todos, los aspectos del fútbol. De ahí en adelante me di a la tarea de consultar y mirar cual era la metodología de otros entrenadores a nivel mundial.

La periodización táctica, como tal, la conocí cuando empecé a escuchar de José Mourinho. Él fue a Inglaterra en el año 2004 y ahí empecé a saber de él, de su metodología, de André Villas-Boas, de cómo trabajaban los portugueses y del referente de ellos, el maestro Vitor Frade. Más adelante conocí las obras de  Xavier Tamarit, que recolectó toda esa información y la puso en papel, en conceptos, para darla a conocer al mundo.

Sin duda alguna muchísimos entrenadores a nivel mundial nos hemos beneficiado de los diferentes aportes de todos estos maestros. Ahora, y para no restarle mérito a nadie, también han existido entrenadores en deportes de conjunto que de alguna manera se han identificado con la periodización táctica en sus diferentes disciplinas. Por ejemplo, en el caso concreto, los entrenadores de hockey sobre hielo. Ellos creen que todo se debe entrenar en el hielo, en la pista y a través de jugar el juego mismo.

En definitiva, me parece que es el aporte de muchas personas, pero indiscutiblemente los portugueses a través de la figura de Xavi Tamarit los que lo han dado a conocer al mundo, lo pusieron en libros y hoy en día es una obra de consulta y de las más avanzadas. Es necesario reconocerlo y agradecerles por su contribución.

Como podemos ver, y siendo consecuente con lo que dije respecto a la idea de juego, nuestra metodología no solamente está basada en la periodización táctica. Ella es muy importante para nosotros, es una guía, una referencia, pero a nuestro método le incorporamos una serie de herramientas según las circunstancias y necesidades.

Siempre he creído que el aprendizaje depende exclusivamente de cada quien y

de las ganas por aprender. Todos los días me levanto pensando en la necesidad que tengo de mejorar y hablo con gente del fútbol, pido explicaciones, corroboro información, intercambio ideas. ¡Y todo lo escribo! Mi padre siempre dijo "es mejor un lápiz corto y no una memoria larga". En resumidas cuentas creo que soy el producto de la combinación de muchas ideas de otros y de un sinnúmero de experiencias y vivencias propias.

## Principios del modelo de juego

Un principio de juego es un comportamiento colectivo, repetido y sostenido que identifica a un equipo de fútbol. Los principios de juego son conceptos que habitualmente se ejecutan. La sumatoria e interacción de principios en aplicación dan nacimiento al modelo de juego.

Durante la gestión de Juan Carlos Osorio identificamos nueve principios de juego entre las fases de posesión y no posesión. Atendiendo a la complejidad de los partidos, a las demandas que impone cada juego y a la variedad de los oponentes,

naturalmente, algunos principios se exhiben con mayor frecuencia en unos juegos y ante determinados rivales. De igual manera la naturaleza de los jugadores y la idea de juego hacen que algunos principios sean más importantes que otros y se ejecuten con mayor frecuencia.

Para entender la lógica e interacción de los principios del modelo debemos definir dos fases del juego: posesión y no posesión. Cada fase presenta dos momentos, en posesión: ataque organizado y transición defensa-ataque. Y en no posesión: defensa organizada y transición ataque-defensa.

Finalmente, en cada momento se desarrollan uno o más principios de juego como veremos a continuación.

Sintetizamos la estructura anteriormente señalada así (incluyendo los principios identificados en el modelo de Osorio):

**POSESIÓN:**

- Ataque organizado: inicio y salida, circulación, amplitud y penetración/profundidad.

- Transición defensa-ataque: ataque de espacios.

## NO POSESIÓN:

- Defensa organizada: concentración defensiva y *pressing* (ultraofensivo y ofensivo).
- Transición ataque-defensa: recuperación inmediata tras pérdida y repliegue/ajuste.

Quizás la siguiente tabla nos ayuda a entender mejor la estructura.

| PRINCIPIOS DE JUEGO | | |
|---|---|---|
| FASE | MOMENTO | PRINCIPIOS |
| POSESIÓN | ATAQUE ORGANIZADO | INICIO Y SALIDA<br>CIRCULACIÓN<br>AMPLITUD<br>PROFUNDIDAD/PENETRACIÓN |
| | TRANSICIÓN DEFENSA-ATAQUE | ATAQUE DE ESPACIOS |
| NO POSESIÓN | DEFENSA ORGANIZADA | CONCENTRACIÓN DEFENSIVA<br>*PRESSING* (OFENSIVO-ULTRAOFENSIVO) |
| | TRANSICIÓN ATAQUE-DEFENSA | RECUPERACIÓN INMEDIATA TRAS PÉRDIDA<br>REPLIEGUE/AJUSTE |

Luego de entender la lógica estructural vamos a definir conceptualmente cada uno de los principios del modelo de juego.

## Inicio y salida

El objetivo fundamental es no dividir el balón y construir superioridades numéricas y posicionales desde la propia línea de fondo. Cuando el portero lanza en largo la pelota se divide, razón por la cual el rival tiene muchas posibilidades de competir por la posesión. Con un lanzamiento largo, del portero el equipo en posesión pasa de ser el dueño del cuero a dividirlo, a compartirlo con el oponente. Cuando esto acontece se puede perder el control del juego.

## Circulación

Intercambio de pases intencionados. El objetivo es desordenar la estructura "ordenada" del oponente. Los pases en una correcta circulación están llenos de contenido, suponen una inmediata progresión y la consecuente preparación para llegar juntos

y junto al balón al campo rival. El ritmo del balón o la cantidad de toques que se dan para mover el cuero dinamizan la circulación o, por el contrario, la realentizan.

Como el canal central de 40 metros en amplitud generalmente está congestionado de oponentes la circulación contribuye a atraer, separar, invitar, juntar y alejar a los adversarios y liberar a los propios.

## Amplitud

Para tener penetración la amplitud es uno de los principios básicos. Al tener al equipo contrario defendiendo todo el ancho del campo (68-70 metros), con dos extremos bien pegados a la raya los intervalos entre los hombres del rival (centrales, central-lateral) se pueden ampliar. Esto trae como consecuencia mayores espacios interiores, mejores líneas de pase y huecos más grandes en la estructura rival. Si el adversario se cierra o decide jugar angosto para reducir las distancias de relación entre sus efectivos, los extremos tendrán espacio por fuera para realizar penetraciones directas.

## Profundidad-penetración

Es uno de los principios más difíciles de llevar a la práctica porque encontrar el último pase o la última acción que deje en situación ventajosa al finalizador requiere de mucha precisión y destreza. Cuando el rival defiende muy cerca de su propia área, escenario muy habitual en el fútbol actual, el pase o la acción de penetración es muy difícil puesto que no hay suficiente espacio por detrás de la línea defensiva del rival. Ese microespacio de profundidad lo pueden cubrir perfectamente los defensores a través de un retroceso o el portero mediante una salida. En este contexto la acción (porque puede ser un centro desde la banda) o pase de penetración no pueden ser ni cortos ni largos. Y como es una situación riesgosa muchos jugadores prefieren no arriesgar para evitar el error.

## Ataque de espacios

Generalmente, cuando se produce una recuperación de la pelota el adversario está abierto y adelantado, momento ideal

para atacar los espacios. Según la zona del campo en la que se haya reconquistado el balón la maniobra ofensiva será corta o larga. Para atacar los espacios de manera exitosa es determinante encontrar hombres descolgados en amplitud y profundidad. Además de pasar y asistir con velocidad. Reconquista, pase, asistencia, descolgados y velocidad: palabras clave en la aplicación de este principio.

## Concentración defensiva

No significa atención mental. Hace referencia a una distribución sobre el terreno de juego. El objetivo es portar o sumar la mayor cantidad de efectivos posibles detrás de la línea del balón. La defensa debe presentarse siempre en superioridad numérica para permitir recíprocas coberturas, doblajes y cierres. Principio muy aplicado por el Nacional dirigido por Osorio cuando enfrentaba equipos brasileños en calidad de visitante en los torneos continentales debido a la gran calidad en la posesión y circulación de balón de esas escuadras. Este principio debe ir acompañado de un buen *pressing*.

## *Pressing* (ofensivo-ultraofensivo)

Trabajo táctico desarrollado por dos o más jugadores. Su finalidad es limitar tiempo y espacio al equipo adversario empeñado en la organización de su ataque generando zozobra y temor en el portador. El *pressing* se distingue del concepto de presión, definido como el trabajo táctico desarrollado por un jugador con el fin de limitar tiempos y espacios al portador del balón rival sin la colaboración directa de los compañeros. La agresividad debe reproducirse y contagiarse.

El *pressing*, entonces, es un principio de tipo colectivo. La agresión organizada al portador del balón y sus apoyos es básica.

Según el tercio del campo (para nuestra idea dividimos el terreno de juego en vertical en tres tercios) en el cual se inicia la aplicación de este principio (línea de inicio del *pressing*) podemos distinguir tres tipologías:

- *Pressing* ultra-ofensivo: si la agresión inicia en el tercio ofensivo y/o sobre los defensores y el portero rival.
- *Pressing* ofensivo si la agresión comienza en el tercio medio, fundamentalmente el ofensivo.

.com
AL GOL SE
LLEGA LEYENDO

- *Pressing* defensivo si la agresión colectiva sin balón se hace en el tercio defensivo.

## Recuperación inmediata tras pérdida

El fútbol es un juego indivisible. No es posible fragmentarlo por más que se quiera. A medida que se van sumando pases a través de la circulación se van juntando los hombres y las líneas propias, circunstancia favorable para, en el momento de la pérdida por cualquier circunstancia, saltar por el rival e intentar robar la pelota en menos de 7 segundos. Mejor aún si el rival, a través de la circulación y progresión propia, ha replegado y perdido metros en profundidad. Las vigilancias estrechas, los anticipos y los bloqueos son medios necesarios a la hora de aplicar este principio.

La recuperación de la pelota se puede presentar en cualquier zona del campo. Lo ideal para equipos protagónicos como los de Osorio es que la reconquista del balón se presente en campo rival. Para esto es necesario juntar las líneas y los hombres después de una buena sucesión de pases (circulación) y achicar el campo, es decir, que los más retrasados (defensores) marquen la línea de ubicación en el centro del campo y los más avanzados (centrocampistas y delanteros) como efecto dominó tiren para adelante. En otras palabras, defender hacia adelante que aparte de facilitar la recuperación inmediata del balón permite ganar las segundas jugadas o rebotes.

## Repliegue/ajuste

Si al momento de la pérdida es imposible recuperar el balón, por cualquier circunstancia el equipo se puede partir. Por ejemplo, si el sistema utilizado es el 1-4-3-3 y los dos interiores más los tres delanteros quedan colgados tras la pérdida, los cuatro defensas más el mediocentro deben ejercer control a través de acciones retardadoras y temporizaciones mientras los más avanzados repliegan, ajustan y se unen a los retrasados para recomponer el bloque y regresar a la concentración defensiva.

## Interacción de principios

Hemos explicado, desde el primer capítulo, que el juego es indivisible. Por esta simple razón es básico entender que en situación real de juego los principios interactúan y se van sucediendo en cadena de manera casi natural. De hecho, luego de circular puede aparecer en escena la recuperación inmediata o el repliegue-ajuste. Después del repliegue-ajuste puede aparecer la concentración defensiva y tras ésta el ataque de espacios. De igual manera se puede presentar una secuencia de principios así: inicio y salida, más circulación, más penetración/profundidad. O así: circulación, más amplitud, más penetración/profundidad.

## El quinto momento

Enunciamos las fases, los momentos y definimos los principios de juego. Pero existe un momento más. Y es necesario detenernos en él.

A los cuatro momentos del juego mencionados (ataque organizado, defensa organizada, transición defensa-ataque y tran-

sición ataque-defensa) le sumamos uno de gran relevancia e importancia que se presenta en las dos fases: posesión y no posesión momento a balón parado. Osorio, que ha recibido golpes tremendos de pelota quieta (Nacional así perdió una final continental ante River Plate en Buenos Aires), reflexiona de la siguiente manera al respecto: "La pelota parada no es un principio de juego en su concepto más puro. Sí es un momento del juego. El juego es integral, indivisible, pero tiene momentos. Ya se han enumerado cuatro y nosotros consideramos que hay un quinto. Y es precisamente ese, la pelota parada. Aquí el foco atencional está en el ejecutante, los posibles receptores, los compañeros y la zona o el espacio. La pelota parada, como momento, es tan importante como los demás e incluso puede tomar mayor relevancia según el adversario".

El mister va más allá y comparte una conversación que permanece en su memoria sostenida con Diego Lugano, zaguero central uruguayo de mucho prestigio en el fútbol mundial: "En una oportunidad cuando pasamos por San Pablo con Nacional tuve la fortuna de conversar con Diego Lugano. Recuerdo que en el gimnasio de la sede deportiva de San Pablo le pregunté (a Lugano)

si trabajaban mucho en saltabilidad para contrarrestar la pelota parada y me dijo que no. Me manifestó que la pelota parada era de determinación, de voluntad inquebrantable por llegar primero al balón y de exponerse a un choque, a una lesión, a una ruptura y a que le tomen unos cuantos puntos en la cabeza o en el rostro, siendo más importantes los puntos que están en juego en la competición. También recuerdo que me dijo que en su país, Uruguay, el abuelo le dice a su nieto desde el baby fútbol que se puede perder o errar un pase pero nunca una entrada, un choque, una dividida. Con estas reflexiones podemos concluir que la competitividad envidiable y admirable de los uruguayos (porque son de los mejores del mundo en juego aéreo y competitividad) se origina a partir de edades tempranas (5 a 7 años)".

A través de las siguientes situaciones reales de partido expuestas por Atlético Nacional vamos a mostrar la ejecución de algunos principios y su interacción.

| CUADRO RESUMEN | | | | |
|---|---|---|---|---|
| FASE | MOMENTO | PRINCIPIO | MEDIOS | IMPLICADOS |
| POSESIÓN | ATAQUE ORGANIZADO | INICIO Y SALIDA | PASES, DESMARQUES, APOYOS. | PORTERO, CENTRALES, MEDIO CENTRO E INCLUSO LATERALES E INTERIORES |
| | | CIRCULACIÓN | PASES (CORTOS, MEDIOS E INCLUSO LARGOS) EN CUALQUIER DIRECCIÓN, PAREDES, DESMARQUES, APOYOS. | RETRASADOS (INCLUYENDO PORTERO), EXTERIORES, INTERIORES Y AVANZADOS |
| | | AMPLITUD | CAMBIOS DE ORIENTACIÓN, 1 CONTRA 1 + DESBORDE, SUPERPOSICIÓN (PASAR POR LA ESPALDA DEL COMPAÑERO) | EXTREMOS, LATERALES E INCLUSO INTERIORES |
| | | PROFUNDIDAD/ PENETRACIÓN | PASES INTERIORES ENTRE DEFENSORES Y PORTERO ADVERSARIOS FRONTALES U OBLICUOS, CENTROS, REMATES DE MEDIA Y LARGA DISTANCIA, DESMARQUES DE RUPTURA | CUALQUIER JUGADOR DE CAMPO, INCLUSO EL PORTERO |
| | TRANSICIÓN DEFENSA-ATAQUE | ATAQUE DE ESPACIOS | PASES MEDIOS Y LARGOS, CONDUCCIONES, ASISTENCIAS (DEJAR DE CARA A GOL) | RECUPERADORES, DESCOLGADOS EN AMPLITUD Y PROFUNDIDAD, LLEGADORES |

| CUADRO RESUMEN | | | | |
|---|---|---|---|---|
| FASE | MOMENTO | PRINCIPIO | MEDIOS | IMPLICADOS |
| NO POSESIÓN | DEFENSA ORGANIZADA | CONCENTRACIÓN DEFENSIVA | MARCACIÓN, TOMA DE POSICIÓN (SITUARSE ENTRE EL ADVERSARIO Y LA PORTERÍA), INTERCEPTACIÓN, TACKLE O ENTRADA, RECÍPROCAS COBERTURAS, DOBLAJES . | TODOS; RETRASADOS, EXTERIORES, INTERIORES Y AVANZADOS |
| | | PRESSING (OFENSIVO/ULTRAOFENSIVO) | PRESIÓN, RECÍPROCAS COBERTURAS, INTERCEPTACIONES, TACKLE O ENTRADA, BLOQUEOS, VIGILANCIAS ESTRECHAS, ANTICIPOS, 1C1 DEFENSIVO | TODOS; RETRASADOS, EXTERIORES, INTERIORES Y AVANZADOS |
| | TRANSICÓN ATAQUE-DEFENSA | RECUPERACIÓN INMEDIATA TRAS PERDIDA | PRESIÓN, ACCIONES RETARDADORAS, TEMPORIZACIONES, TACKLE O ENTRADA, PERSECUCIONES, VIGILANCIAS ESTRECHAS, ANTICIPOS, BLOQUEOS | CUALQUIERA, FUNDAMENTALMENTE LOS CERCANOS A LA ZONA DEL BALÓN |
| | | REPLIEGUE/ AJUSTE | PRESIÓN, ACCIONES RETARDADORAS, TEMPORIZACIONES, TOMA DE POSICIÓN, RETROCESOS | LOS COLGADOS, QUE GENERALMENTE SON LOS MÁS AVANZADOS. |

## SALIDA + CIRCULACIÓN + PROFUNDIDAD DISECCIÓN

- **Salida de balón:** reanudación de Armani. Pase a Bocanegra, central abierto. Y pases entre centrales, Bocanegra y Henríquez.

- **Circulación**: once pases ininterrumpidos entre siete intervinientes (Armani, Bocanegra, Henríquez, Ruíz, Bernal, Guerra y Copete).

- **Profundidad/Penetración**: conducción de Ruíz, pase a Guerra y finalización del jugador venezolano.

- **Aplicación concepto juego de posición, tercer hombre en profundidad**: en el octavo pase Alexis Henríquez tiene el balón y su línea de pase a Guerra está impedida por la presencia de un adversario. Alejandro Bernal aparece en escena entre Guerra y Henríquez, hace un desmarque de adentro hacia afuera, arrastra al obstáculo, se lo lleva y limpia el camino liberando la línea de pase entre el central y el atacante.

## SALIDA + CIRCULACIÓN + PROFUNDIDAD

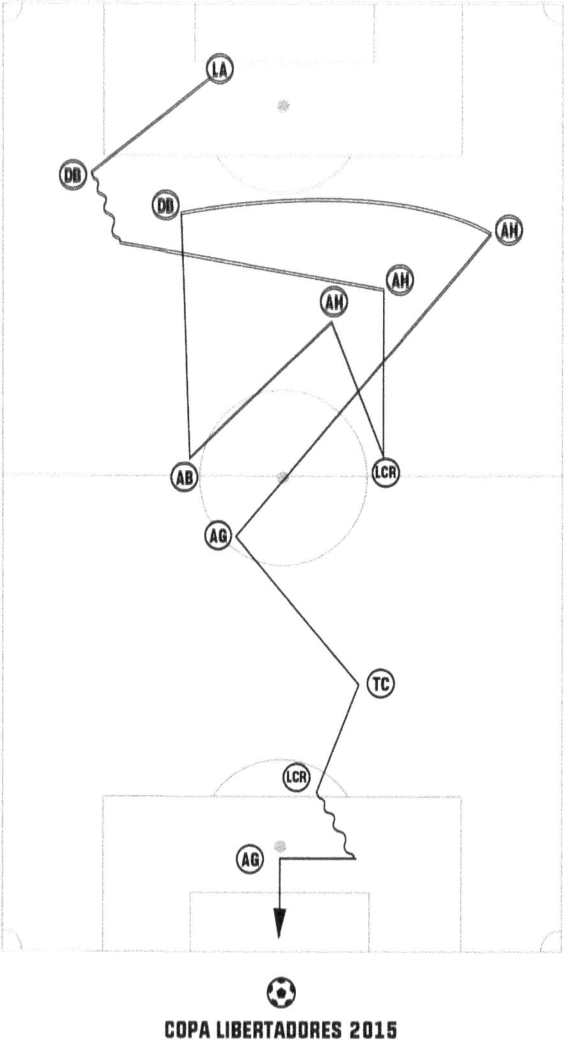

**COPA LIBERTADORES 2015**

Primer gol vs Barcelona en Guayaquil.

# CIRCULACIÓN + AMPLITUD + PROFUNDIDAD DISECCIÓN

- **Circulación**: quince pases entre nueve intervinientes. Pases en horizontal y vertical. Bocanegra, Copete, Ruíz, Valencia, Guerra, Bernal, Mejía, Palomino y Henríquez participaron en el movimiento del cuero.

- **Amplitud**: doble. A la derecha con Guerra y a la izquierda con Copete en el penúltimo pase. Extremos liberados de oposición, bien pegados a la raya para intervenir como alejados libres.

- **Profundidad/Penetración**: centro de Copete a Ruíz para ulterior finalización.

- **Aplicación de conceptos de juego de posición**: conducciones, retenciones y pases entre cercanos en unos espacios para concentrar y juntar aún más, ante su deseo de no salir, a los efectivos del rival y liberar de oposición a los alejados en anchura. Conducciones de Bernal, pases entre cercanos de Valencia, Palomino, Mejía, Ruíz, Henríquez y búsqueda de alejados libres mediante cambios de orientación de Valencia y Bernal.

# CIRCULACIÓN + AMPLITUD + PROFUNDIDAD

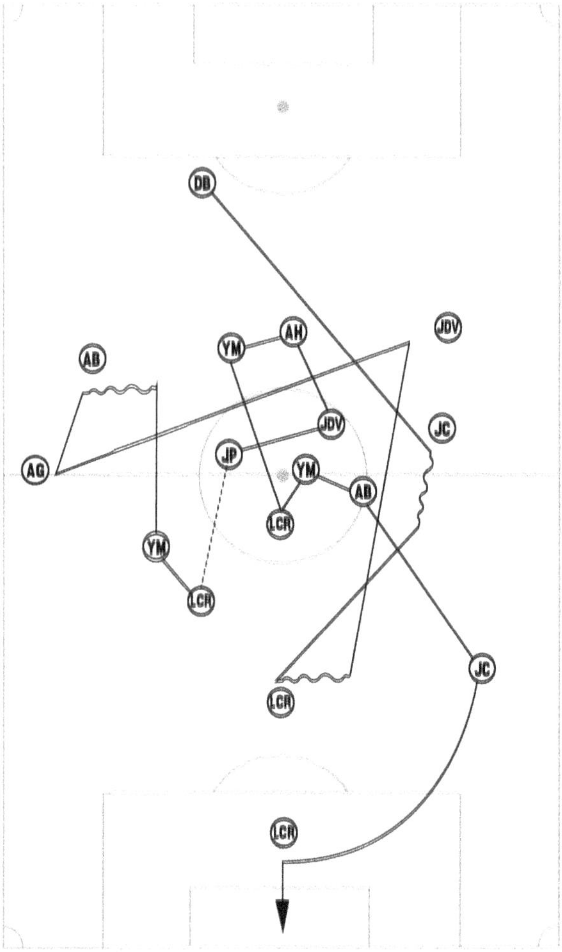

**COPA LIBERTADORES 2015**

Segundo gol vs Barcelona en Guayaquil.

## LOS 80 SEGUNDOS DE CONCENTRACIÓN DEFENSIVA. DISECCIÓN

- **Concentración defensiva**: ochenta segundos ininterrumpidos (del minuto 39':30" al 40':50") con todos los efectivos en propio campo y detrás de la línea del balón. Absoluta superioridad numérica. Imposible para el rival progresar y encontrar los espacios interiores pese a la larga y al final improductiva posesión.

# LOS 80 SEGUNDOS DE CONCENTRACIÓN DEFENSIVA

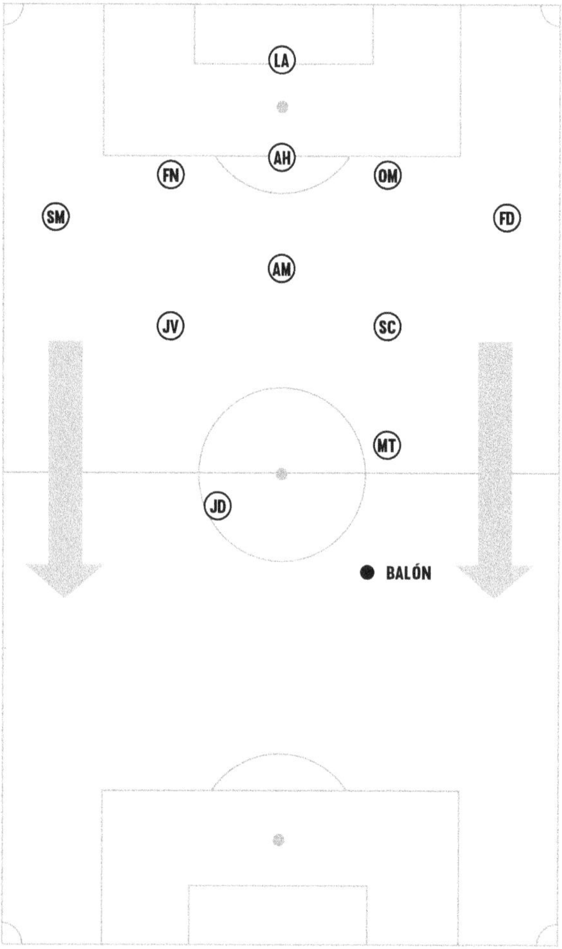

**FINAL, VUELTA LIGA POSTOBON I / 2013**

Ante Santa Fe en Bogotá.

## ATAQUE DE ESPACIOS EN 10 SEGUNDOS. DISECCIÓN

- **Ataque de espacios**: en 10 segundos (del minuto 87':43" al 87':53") reconquista en propio campo, pase al descolgado en amplitud (Edwin Cardona) y asistencia al descolgado en profundidad (Jeferson Duque). Veloz ataque de espacios que no le da tiempo al adversario para rearmarse.

## ATAQUE DE ESPACIOS EN 10 SEGUNDOS

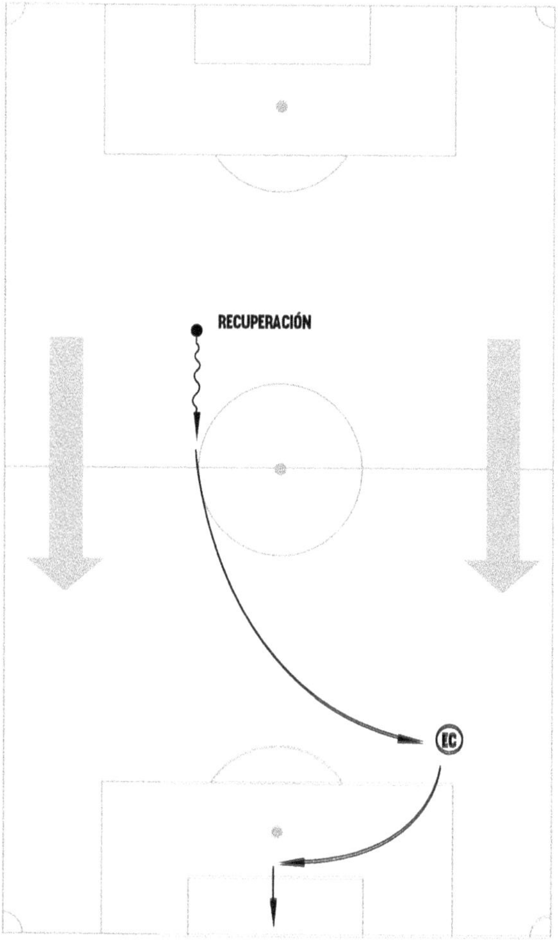

RECUPERACIÓN

EC

**COPA LIBERTADORES 2014**

Gol del empate vs A. Mineiro en Bello Horizonte.

## RECUPERACIÓN INMEDIATA TRAS PÉRDIDA. DISECCIÓN

- **Recuperación inmediata tras pérdida en 7 segundos**: desde el centro de Copete (después de la reanudación de Henríquez y el pase de Murillo), que termina en un defensor de River Plate, hasta la salida del balón del campo, enviado por el jugador de River, pasaron 7 segundos (al minuto 3':15" centró Copete y al minuto 3':22" salió el balón del campo). Luego del centro de Copete, rechazo corto de River, Cardona persigue con agresividad al rebotero del equipo argentino que controla de espaldas y ante el asedio de cuatro jugadores de Nacional (Cardona, Ruíz, Díaz y Copete) decide mandar afuera el balón.

## RECUPERACIÓN INMEDIATA TRAS PÉRDIDA

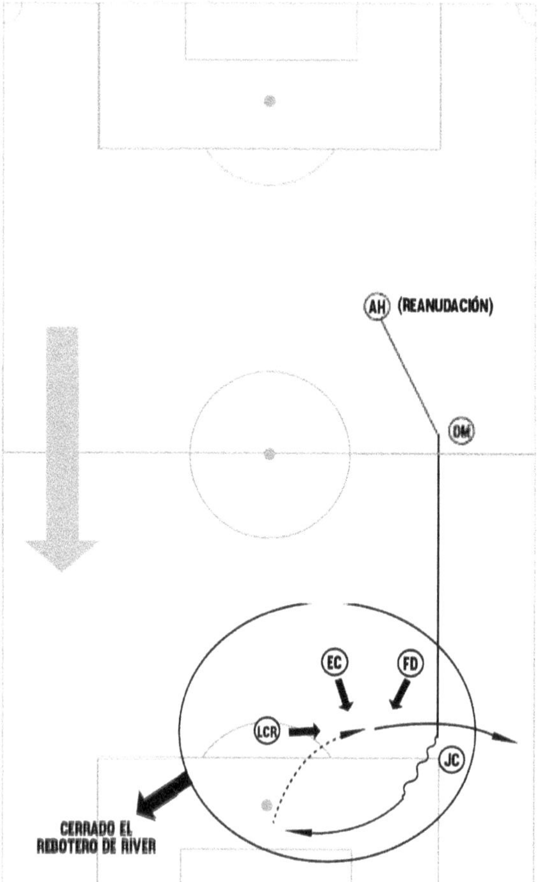

AH (REANUDACIÓN)

OM

EC

FD

LCR

JC

CERRADO EL REBOTERO DE RIVER

**FINAL IDA COPA SUDAMERICANA 2014**

Primer tiempo vs River Plate en Medellín.

## *PRESSING* ULTRAOFENSIVO + ATAQUE DE ESPACIOS EN 5 SEGUNDOS. DISECCIÓN

- ***Pressing* ultraofensivo + ataque de espacios en 5 segundos**: en tercio ofensivo, en anchura y sin balón Nacional tiene cinco efectivos (Berrio, Uribe, Díaz, Valencia y Cardona). Agresión de Berrio en el vértice del área a Torijano, robo, conducción corta para entrar al área y asistencia al segundo palo a Uribe. Cinco segundos pasaron entre la recuperación de Berrio y la finalización de Uribe.
  Obsérvese el control sobre los posibles receptores del Cali de Valencia, Díaz, Uribe, Cardona y Bernal.
  Torijano es derecho y busca pase hacia adentro pero no lo puede dar porque Berrio le ataca la pierna derecha, y Pérez y Bolívar están controlados por Cardona y Díaz. Esto obliga a Torijano a buscar salida por izquierda pero el cambio de dirección es difícil y Orlando, mientras Torijano se acomoda, ataca y roba el balón para después en 5 segundos atacar los espacios del área del Cali.

# PRESSING ULTRAOFENSIVO + ATAQUE DE ESPACIOS EN 5 SEGUNDOS

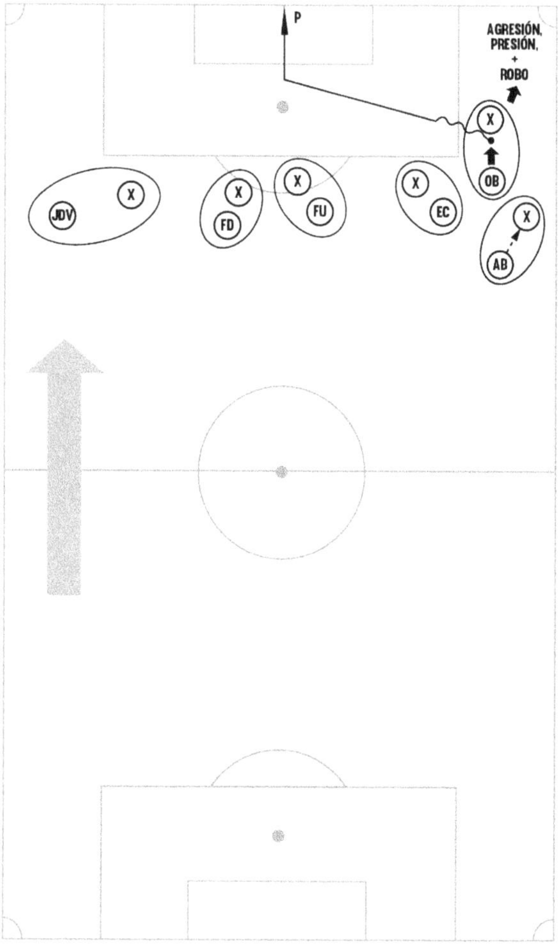

P
AGRESIÓN,
PRESIÓN,
+
ROBO
X
OB
X
JDV
X
FD
X
FU
X
EC
X
AB

**LIGA POSTOBON I-2014**

Primer tiempo vs Cali en Cali.

## ATAQUE DE ESPACIOS. DISECCIÓN

- **Ataque de espacios en 14 segundos**: rechazo defensivo en propia área, Pajoy controla, conduce y pasa en largo al descolgado en amplitud (Torres) que asiste al descolgado en profundidad (Mosquera). Acción desarrollada en 14 segundos entre el rechazo defensivo y la finalización de Mosquera.

## ATAQUE DE ESPACIOS

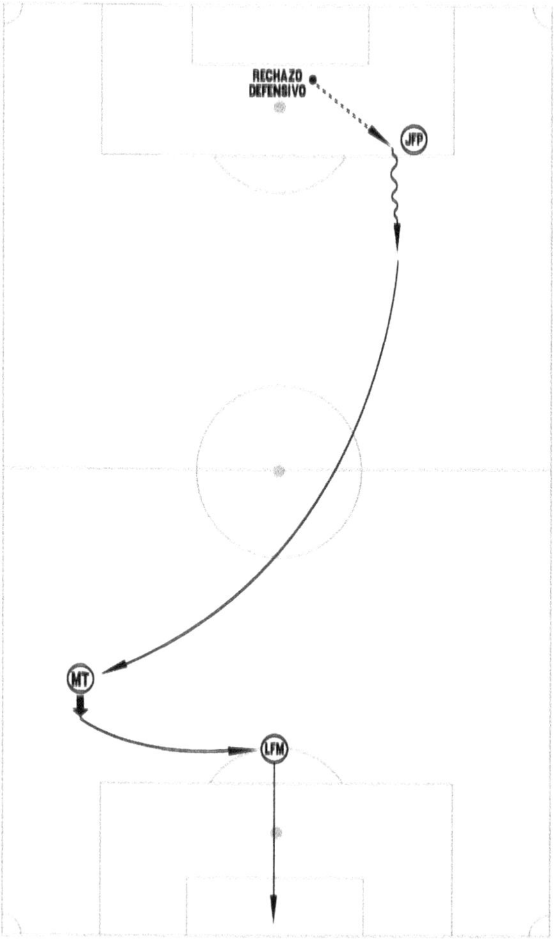

RECHAZO DEFENSIVO

JFP

MT

LFM

**FINAL VUELTA LIGA POSTOBON I-2013**

Segundo gol ante Santa Fe en Bogotá.

## *PRESSING* ULTRAOFENSIVO. DISECCIÓN

- ***Pressing* ultraofensivo:** devolución a Guzmán, arquero de Newell's, acoso-agresión de Trellez en el área. Bloque adelantado. Guzmán controla hacia afuera y cuando rechaza le salta Trellez, a quien le golpea el balón que después va camino a puerta.

## PRESSING ULTRAOFENSIVO

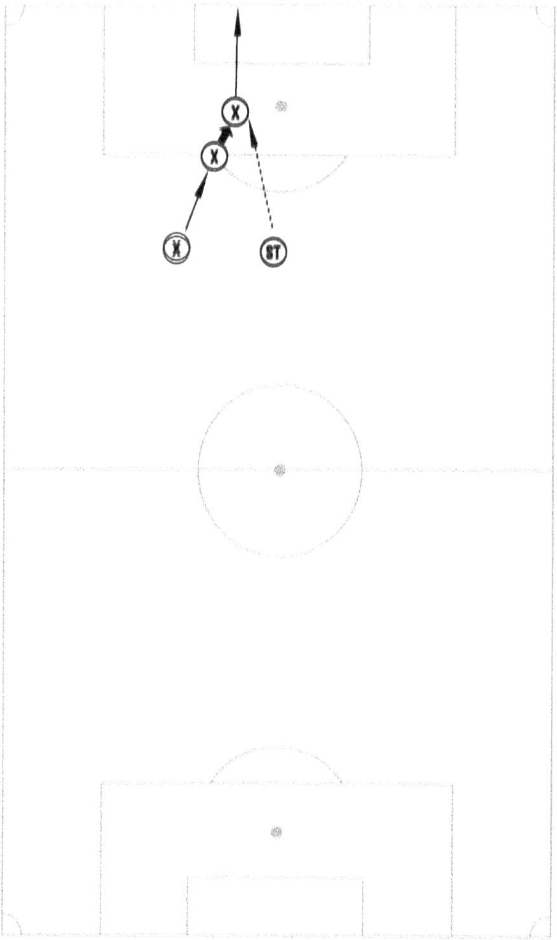

X
X
X
ST

**COPA LIBERTADORES 2014**

Primer gol en Rosario vs Newell's.

# CAPÍTULO III

## PRINCIPIOS METODOLÓGICOS: ROTACIONES, POLIVALENCIA INDIVIDUAL, VERSATILIDAD TÁCTICA COLECTIVA

### Principios metodológicos

Ya hemos hablado del modelo, los principios de juego y su interacción. Ahora vamos a referirnos a los principios metodológicos que, en el caso en cuestión, son tres. Juan Carlos Osorio durante su gestión en Nacional ha aplicado en la administración de su plantel tres principios metodológicos: rotaciones, polivalencia individual y versatilidad táctica colectiva.

Las rotaciones, aparte del factor energético y fisiológico que implican, sirven para

involucrar y responsabilizar a todos en el proyecto. Las diferentes valencias de cada miembro del plantel multiplican sus posibilidades de intervenir y ser elegido por el entrenador y la versatilidad táctica del conjunto, además de generar confusión en los oponentes, eleva las posibilidades estratégicas del equipo.

Bajo estos principios casi todos, o todos los miembros de la plantilla, participan (juegan) y ayudan a desarrollar y ejecutar el modelo de juego. Varios jugadores lo hacen en distintos sectores del campo y ejecutando tareas diversas (de igual manera para ayudar a desarrollar los principios de juego colectivo) y las estructuras del conjunto varían en función de las necesidades y las circunstancias de turno.

Vale la pena aclarar que el modelo de juego y sus principios nunca se modifican. Las estructuras colectivas (o sistemas) sí. Por ejemplo, los equipos de Osorio han utilizado 1-3-3-1-3, 1-4-3-3 (con un mediocentro y dos interiores o doble mediocentro y un interior por delante de ellos), 1-3-5-2, 1-5-3-2, 1-5-4-1, 1-3-2-5 (3 atrás respaldando, dos abiertos y 5 por dentro con doble mediocentro y doble llegador)..., pero siempre subordinados por los 9 principios descriptos en el capítulo anterior.

A continuación, Juan Carlos Osorio se refiere a los tres principios metodológicos. Las reflexiones de Osorio las vamos a matizar con algunos artículos escritos en diferentes medios y que refieren a la materia en mención.

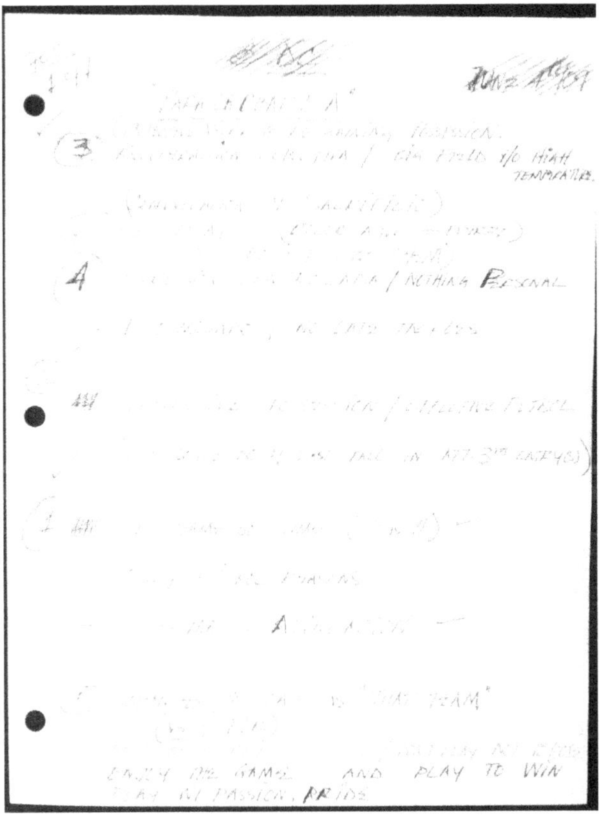

Apuntes charla técnica Osorio.

## Rotaciones

La rotación no es un principio de juego. Es un principio de vida aplicable a cualquier escenario. Fundamentalmente buscamos dar participación a todos los integrantes del plantel, del colectivo. En el fútbol y en cualquier actividad de la vida el ser humano para sentirse parte tiene que participar, en este caso jugar para contribuir a la consecución de los objetivos grupales. No hablamos de titulares y suplentes pero indudablemente hay unos jugadores más importantes que otros.

El factor, quizás más importante, es que no rotamos por rotar. Al momento de aplicar este principio analizamos al rival, el grupo nuestro y las interacciones que se pueden presentar. Aunque no modificamos nuestro modelo, ni los principios de juego ya descriptos, ni nuestra metodología de entrenamiento, decidir quién juega o no termina siendo un arte, en definitiva, el arte de saber rotar.

No es simplemente darle la oportunidad a determinado jugador. Es identificar sí ese jugador que recibe la oportunidad se encuentra en el escenario propicio que le de todas las posibilidades de desempeñar bien

su tarea en interacción con los demás elegidos.

Al primero que escuché hablar de rotación fue a Alex Ferguson, ese extraordinario hombre de fútbol. Cuando estuve en Manchester trabajando y viendo entrenar al United, Ferguson me explicó que los jugadores profesionales del fútbol juegan por dos cosas, el dinero y la gloria, y que en el momento en el que los sueldos se equiparan, ya en élite, el jugador desea participar y recupera el espíritu amateur de sus años infanto-juveniles. Aquí entra el consejo de Ferguson: seleccionar un grupo de jugadores de calidad, sí, pero fundamentalmente, un colectivo de jugadores con humildad, con espíritu competitivo, que entiendan que el triunfo no depende únicamente de un individuo sino que depende de un grupo y el aporte de todos. De manera que el jugador debe entender que tiene que participar de la rotación y que es necesario prepararse de la mejor manera posible para cuando le corresponda jugar. Cuando un futbolista juega siempre, es indiscutido y nunca es cambiado: podemos entrar en un escenario peligroso porque puede llegar a entrenarse mal y competir mediocremente al sentirse más importante que el resto.

La rotación, aparte de darle la oportunidad e implicar a todos, también los responsabiliza. Eso es algo clave.

En definitiva, en la rotación todos tienen los mismos derechos, las mismas oportunidades y las mismas responsabilidades. Y gracias a este principio los logros deportivos en la élite se pueden lograr con la contribución de todos y no solamente con el rendimiento individual de un jugador.

Hay un ejemplo muy lindo que siempre pongo. En una empresa de finca raíz hay 10 vendedores. El jefe de ellos les dice, a todos, que cree y confía en sus habilidades y capacidades. Pero resulta y pasa que ese mismo jefe siempre le da los mejores y más grandes negocios a los 4 primeros del escalafón. Las decisiones del jefe les está afirmando a los 6 asesores restantes que no sirven y eso los va a hacer sentir en algún momento relegados, poco valorados y marginados.

Inicialmente el jefe les manifiesta confianza y luego no los tiene en cuenta y le da la oportunidad siempre a los mismos. ¡Ilógico! Al final los vendedores no considerados se van a terminar yendo de la empresa o, peor aún, van a trabajar mal, sin motivación, sin ganas. Obvio, todo esto es discutible.

En Nacional si revisamos las nóminas de las finales, sobre todo en partidos de ida y vuelta, vemos que son dos formaciones diferentes y al final del ejercicio termina participando un alto porcentaje del plantel. Es en ese momento, en partidos trascendentales, calientes, decisorios, que el jugador necesita ver de parte de su líder que en realidad es tenido en cuenta y la única manera es jugando.

En 2013, Nacional dominó el fútbol colombiano aplicando los principios metodológicos mencionados en esta obra. Ganó la Liga Postobón I y la Liga Postobón II. Como si fuera poco se mantuvo como campeón de la Copa Postobón. Ese año en la página Futbolmania RCN se hizo mención a uno de los hechos históricos del fútbol profesional colombiano.

## *El dominio de Nacional*

Nacional dominó el fútbol colombiano en 2013 en todos los registros, no solo en los estadísticos. Tres títulos, mayor cantidad de puntos (en la reclasificación del año y en cada uno de los dos torneos), más goles convertidos, menos recibidos, mayor canti-

dad de partidos ganados y menor cantidad de partidos perdidos. Pero voy a dejar de lado los números que en muchos casos son impostores y voy a hablar de las razones que han llevado a Nacional a ejercer un dominio abrumador poco visto en el último tiempo en Colombia. Ahí voy.

1. El profesionalismo de los futbolistas. Comportamiento responsable, serio y competitivo jugando, entrenando, en el vestuario y fuera del mismo. Esa lealtad hacia la profesión más su calidad futbolística puesta al servicio del equipo hicieron de Nacional una fortaleza imposible de superar por sus rivales. Con esa combinación, profesionalismo y calidad, el éxito está garantizado.

2. La gestión del cuerpo técnico incluyendo colaboradores. Juan Carlos Osorio siempre ha sido ejemplo y referente para sus futbolistas como profesional y como ser humano. Y su método, criticado por muchos, poco entendido por otros, fue efectivo e implacable. Método fundamentado en la periodización táctica del entrenamiento, en las rotaciones (para implicar a todos, dosificar a todos y

conservar las energías y el físico de todos), en los baños contrastados. Y ya en el juego principios bien definidos y bien argumentados; inicio y salida, circulación rápida del cuero, penetraciones a tercio ofensivo, amplitud, implicación de todos los efectivos en la construcción y destrucción del juego, versatilidad táctica colectiva y polivalencia táctica individual. Con todas estas herramientas puestas al servicio de los jugadores es imposible que los mismos no mejoren su rendimiento. He escuchado a técnicos, periodistas e hinchas decir que el método y las rotaciones de Osorio solo se pueden aplicar en Nacional por la cantidad de jugadores que tiene y que con esas condiciones los triunfos son fáciles de conseguir. Incluso he sentido a algunos desmeritando lo hecho por el club, el técnico y los jugadores. Pues los quiero invitar a que dejen la envidia, mala fe o desconocimiento. Nacional ha tenido que superar un grado de dificultad muy alto para conseguir el triplete y el método, ya explicado, incluyendo las rotaciones, es perfectamente aplicable en cualquier club

colombiano con cualquier plantel. Es cuestión de atreverse señores!

En el blog La Barra, en 2013, se hizo un homenaje a los tres principios metodológicos empleados por Juan Carlos Osorio.

*Reconocimiento a la rotación, polivalencia y versatilidad táctica*

Rotación

Juan Carlos Osorio, técnico de Nacional, viene dando cátedra hace rato de cómo se gestiona una plantilla completa y no solamente 11 jugadores. El inicio de actividades del segundo semestre de 2013 así lo confirman. En dos partidos jugados Nacional ha utilizado 22 jugadores de los 30 inscritos en Conmebol (26 en Dimayor) lo que le ha permitido balancear las cargas y evitar desde el comienzo la excesiva acumulación de fatiga. Seguramente otro entrenador con una manera de pensar distinta, totalmente respetable más no compartible, en las dos competiciones hubiera echado mano de no más de 13 jugadores. Por ejemplo, Osorio en el partido de Liga usó 14 futbolistas. En el de

Copa Sudamericana también 14. Y apenas 6 jugadores repitieron en Liga y Copa.

A continuación la lista de 22 jugadores utilizados:

1. Bonilla (L)
2. Elkin Calle (L)
3. Stefan Medina (L y C)
4. Miller Mosquera (L)
5. Farid Díaz (L y C)
6. Diego Arias (L)
7. Victor Cantillo (L)
8. Jhon Valoy (L y C)
9. Orlando Berrio (L)
10. Juan Pablo Angel (L)
11. Wilder Guisao (L)
12. Francisco Nájera (L y C)
13. Jefferson Duque (L y C)
14. Jhon Pajoy (L y C)
15. Franco Armani (C)
16. Alexis Henrríquez (C)
17. Oscar Murillo (C)
18. Alex Mejía (C)
19. Alejandro Bernal (C)
20. Fernando Uribe (C)
21. Juan David Valencia (C)
22. Sherman Cardenas (C)

Minutos de jugadores que han sido utilizados en las dos competiciones.

1. Stefan Medina 180′
2. Jhon Valoy 112′
3. Francisco Nájera 135′
4. Jefferson Duque 98′
5. Jhon Pajoy 107′
6. Farid Díaz 117′

Polivalencia

Es realmente placentero ver como en Nacional se aplica uno de los conceptos modernos del fútbol: la polivalencia. Entrenadores como Marcelo Bielsa y Pep Guardiola coinciden en la importancia que tiene para un equipo contar con jugadores capaces de actuar en dos o tres posiciones diferentes por la cantidad de variantes que resultan para el conjunto y para el entrenador. Pues bien, en el Nacional de Osorio ya no es extraño ver a Medina rindiendo como lateral, volante, extremo y central. Tampoco es extraño ver a Murillo jugar de central y lateral, a Nájera igual, a Pajoy y Cárdenas más retrasados o más avanzados, a Valencia como extremo, lateral y volante, etc. Polivalencia al máximo.

## Versatilidad táctica

De igual manera ya no es extraño ver a Nacional jugar de partido a partido o en el mismo partido 4-3-3, 4-4-2, 3-5-2 ó 5-3-2. Eso es a lo que yo llamo versatilidad táctica y se debe también a la polivalencia de los jugadores, capaces de adaptarse de forma muy natural a diferentes posiciones y sistemas.

## Conclusión

Las rotaciones, la polivalencia y la versatilidad táctica no dan lugar a la monotonía y te hacen indescifrable para los rivales. Siempre vas a encontrar algo nuevo, algo distinto, algo diferente. Siempre habrá sorpresas. Además mantienes a todos los miembros de la plantilla (30 en total) atentos, listos y preparados porque en cualquier momento se los puede llamar. Mantienes de igual manera a todos implicados y haces sentir a todos participes del proyecto. Evitas que haya jugadores aburridos y jugadores oxidándose en el banquillo al no ser tenidos en cuenta. Y como si fuera poco, piensas en el futuro y en la carrera de los atletas porque las rotaciones ayudan a estirar la vida deportiva del futbolista, le dan más tiempo (años) de actividad profesional.

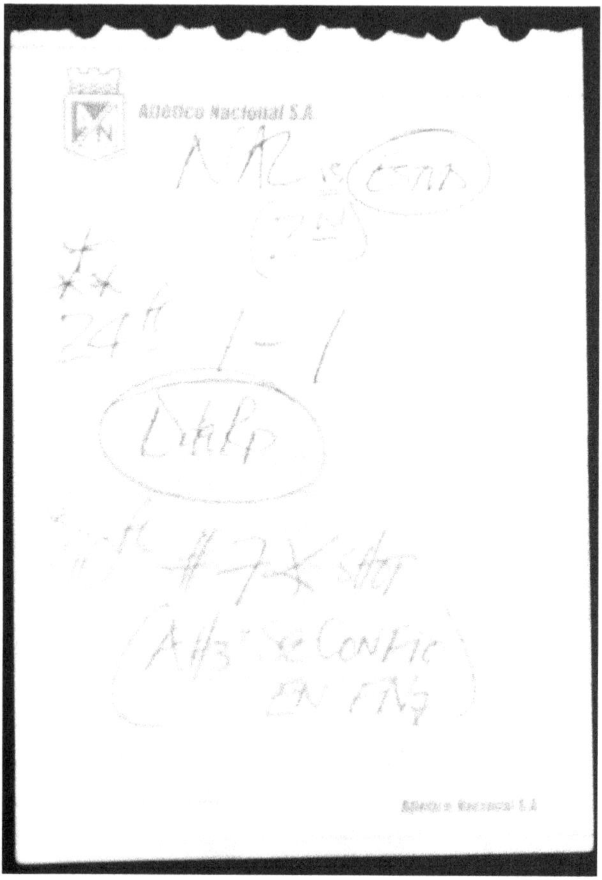

Apuntes libreta partido vs Estudiantes.

Evidentemente una concepción distinta de ver y hacer las cosas. Concepción ignorada por muchos, entendida por muy pocos.

## Polivalencia individual

Siempre será más importante la característica de los jugadores, su naturaleza y las interacciones con el resto que las figuras geométricas. Dentro de nuestra metodología tenemos definido un perfil de jugador para cada posición en un sistema básico con cinco requisitos para jugar en dicha posición. Por ejemplo, para algunos entrenadores o clubes, el marcador lateral debe principalmente defender el segundo palo en una pelota cruzada. Pero para otros entrenadores la principal función del lateral es que dicho jugador tenga el primer pase hacia delante. Lo que hemos hecho nosotros es combinar esas características y definir para cada posición cinco, incluso seis, tareas que le permitan al jugador desempeñarse con y sin balón.

Sin embargo, en el día a día, en la operacionalización, nos atrevemos a entrenar jugadores en otras posiciones porque les hemos identificado capacidades para cumplir con otras tareas en otras zonas del campo. Obviamente que sin llegar al extremo. Por ejemplo un portero jugando de extremo.

Entonces el procedimiento es sencillo: identificar las características propias de cada jugador (lo más importante), valorar y analizar las posiciones donde puede jugar y finalmente entrenarlo para escenarios predeterminados. Todo esto nos permite no entrar en el mundo del azar y la adivinación.

A lo largo del tiempo hemos visto a Daniel Bocanegra jugando de central, lateral, mediocentro e incluso de extremo, algo parecido a lo que hizo Stefan Medida en su tiempo. Y no solo los dos mencionados, Farid Díaz (interior, lateral, mediocentro), Alejandro Bernal (lateral, extremo, interior), Jairo Palomino (mediocentro, central), Sherman Cárdenas (media punta, interior, extremo), Juan David Valencia (lateral, interior, extremo), Edwin Cardona (falso nueve, extremo, enganche, interior), Luís Carlos Ruíz (centro delantero, extremo), Gilberto García (lateral, interior, extremo). Toda esa polivalencia individual les permite a los jugadores acoplarse a cualquier sistema o estructura y esa multiplicidad de sistemas genera una gran versatilidad táctica colectiva, tema que hablaremos más adelante.

Dentro del análisis y la valoración que hacemos a cada jugador miramos, junto al cuerpo técnico y bajo la fórmula pide, la manera como percibe, identifica, decide y eje-

cuta en contexto (con el juego global) y con la posición y función asignada. Entendemos que toda situación de juego pide al jugador determinada respuesta contextual, razón por la cual percibir, identificar, decidir y ejecutar es determinante.

La idea es corroborar en el entrenamiento, en la operacionalización, si el futbolista en cuestión percibe, identifica, decide y ejecuta con la misma suficiencia, determinación y capacidad en otras posiciones como lo hace en su función natural. Esto nos ayuda a decidir.

En el blog La Barra, en el año 2013, se habló sobre el gran aporte del método empleado por Juan Carlos Osorio al fútbol colombiano.

## El gran aporte de Osorio al fútbol colombiano

"Quiero aportar al fútbol colombiano", me dijo Juan Carlos Osorio, hoy técnico de Nacional, recién llegado al fútbol colombiano en 2006 para dirigir a Millonarios. Creo que años después Osorio ha logrado uno

de sus objetivos. Eso sí, ha tenido que sortear caminos llenos de espinas.

El aporte de Juan Carlos Osorio al fútbol colombiano, a los futbolistas, a los clubes y a los entrenadores ha sido grande.

En primer lugar el método de Osorio ha mejorado a la mayoría de los futbolistas que han pasado por sus manos. Es más, hay jugadores que solo rindieron cuando estuvieron con él (caso Felix Micolta en Once Caldas). De igual manera, el técnico risaraldense ha rescatado jugadores (ejemplos: Jhon Pajoy, Sherman Cárdenas, Wason Rentería, 'Neco' Martínez y Jaime Castrillón). Como si fuera poco, Osorio también ha descubierto grandes talentos del fútbol colombiano (Jefferson Cuero y Carlos Rivas). Y a otros cambiándolos de posición les ha alargado su carrera deportiva (Gerardo Bedoya) y entregado mayor protagonismo (Juan David Valencia). La lista de los jugadores que el método de Osorio ha mejorado y potenciado es larga: Diego Peralta, Óscar Murillo, Wilman Conde, Jorge Daniel Núñez, Diego Amaya, Alexis Henríquez, Leandro Armani, Luís Núñez, Farid Díaz… No en vano el respeto y la admiración de los jugadores colombianos hacía el entrenador.

Pero el aporte de Osorio no ha sido solo a los futbolistas. También a los clubes y sus

arcas a través de la venta de jugadores que se han cotizado luego de haber pasado por las manos del técnico. En Once Caldas las ventas de Pajoy, Uribe, Arias, Mejía, Carbonero, Dayro Moreno y Luís Núñez ayudaron a mejorar la economía del club. En Millonarios Conde, Cortés y Estrada pasaron por las manos de Osorio, mamaron sus conceptos, se valorizaron y finalmente se vendieron. Y ahora en Nacional ha valorizado la cotización de Medina, Armani, Duque, Valoy, Murillo y Mejía, jugadores que seguramente serán vendidos por una muy buena cantidad de dólares para que el club recupere la inversión hecha.

Finalmente, a los entrenadores colombianos Juan Carlos Osorio también les ha dejado algo. Nunca Osorio ha ocultado su método, lo ha mostrado y compartido a sus colegas que han tenido inquietudes y lo han buscado. Osorio no ha cerrado las puertas a sus colegas para ver cómo desarrolla la periodización táctica y las sesiones de entrenamiento. Osorio ha compartido información y charlas con entrenadores sobre rotaciones, versatilidad táctica, polivalencia, manejo de grupo, baños contrastados y ejercitaciones afines al juego. Victor Luna, Carlos Silva, Oswaldo Durán, Nelson Reyes, Jhon Jairo López, Humberto Sierra y Arturo

Boyacán son algunos de los técnicos que se han acercado a Osorio.

En conclusión, Juan Carlos Osorio está haciendo escuela en Colombia.

En 2014, Nacional dio un golpe de autoridad en el fútbol sudamericano al eliminar a San Pablo en el Morumbí. Aquella noche el equipo de Osorio clasificó a la final de la Copa Sudamericana dando una cátedra tremenda de polivalencia individual y versatilidad táctica colectiva. El propio Kaká, jugador de San Pablo, admitió que quedó admirado por el libro de estilo expuesto por Nacional. En la página Futbolmanía RCN así se analizó la magnífica gestión futbolística del equipo orientado por Juan Carlos Osorio frente al tricolor paulista.

## El repaso táctico de Nacional a San Pablo

Quiero hablar sobre el repaso táctico que le dieron en la semifinal de la Copa Sudamericana los colombianos de Nacional a los brasileños de San Pablo. Osorio y los suyos a Ramalho, Kaka, Ganso, Ceni, Luis Fabiano y compañía.

La serie duró 180 minutos de los cuales Sao Paulo apenas se impuso en 15-20. Los restantes 160 minutos fueron de repaso táctico de los colombianos.

Y, como es costumbre, voy a explicar porqué.

En Medellín con el 1-3-3-1-3 anuló a los laterales brasileños (Hudson y Bastos) con las vigilancias de los extremos y cortó los circuitos internos (Denilson, Souza, Kaka y Ganso) de pases, construcción, elaboración y progresión de San Pablo.

Y la contra-táctica. Cuando Ramalho mandó a Oswaldo y este empezó a desequilibrar por zona izquierda, ajustó con Guisao como lateral derecho para darle apoyo defensivo a Najera y Pérez. En otras palabras, brillante táctica y genial contra-táctica.

En Brasil, con el 3-4-3 Nacional bloqueó el juego de banda izquierda de Pereira y Bastos con Bocanegra y la colocación de Berrio, respectivamente. Lo propio hizo Díaz por el sector opuesto con Hudson. E igual, cortó las combinaciones internas con progresión del tricolor paulista. El primer tiempo fue limpio en términos tácticos y concesiones; solo una amarilla (Armani por demorar la reanudación), pocas faltas a borde de área, pocos tiros de esquina en

contra y pocas opciones de gol concedidas al adversario.

Ya en el segundo tiempo, pese al gol en contra (¡a balón parado!), la contra-táctica de Nacional volvió a ser adecuada y productiva. Valencia fue al campo para, junto a Díaz, bloquear el fluido juego por banda derecha de Bastos y Hudson. Ramalho movió el tablero (Bastos a derecha provocando superioridad con Hudson sobre Diaz) buscando soluciones y Osorio respondió.

Eso si, hubo, después del gol, 15-20 minutos emocionales y mentales en los cuales Nacional sufrió y Sao Pablo se montó en el partido. ¡Y ahí Nacional tuvo suerte, claro! Pero eso hace parte del juego. Es necesaria además (para tener éxito cuentan la calidad, la madurez y la suerte). Es mas, todos los campeones la han tenido, hasta el Madrid y el Barça.

Pero fueron solo 15-20 minutos de sofoco. El resto, fue repaso táctico señores.

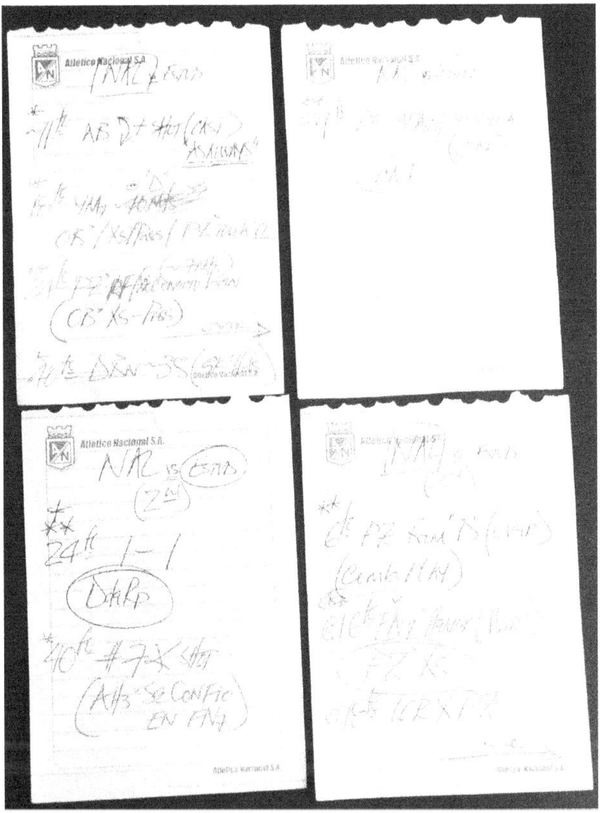

Apuntes libreta partido vs Estudiantes, rival en Copa Libertadores. En rojo está escrito lo más importante. En azul el resto de anotaciones.

## Versatilidad táctica colectiva

En el día a día debatimos sanamente sobre la estructura a utilizar en el siguiente partido. Para decidir analizamos las fortalezas y debilidades del rival, el rendimiento actual de nuestros jugadores, las diversas interacciones que se pueden establecer y las interrelaciones que nos pueden dar mejores posibilidades para ese juego. Una de las cosas más complejas de este complejo deporte llamado fútbol es que todos, o la gran mayoría de los futbolistas implicados en un partido en un mismo momento, piensen, sientan y vivan el juego de la misma manera. Me explico, estamos atacando y la pelota la tiene el extremo derecho. Entonces no es tarea fácil lograr que los demás piensen y ejecuten en función de esa situación. Evidentemente, hay distracciones y despistes, eso es un problema. Encontrar esa sintonía colectiva (inteligencia colectiva) es una de las tareas más difíciles del entrenamiento y del juego.

De otra parte, siempre tratamos para un mismo partido tener un plan "b" táctico colectivo. La única manera de conseguirlo es a través de lo que llamamos versatilidad táctica colectiva porque de lo contrario siempre

vamos a terminar jugando bajo una misma estructura y eso nos puede convertir en un equipo previsible.

Claro que la idea de juego y los principios no cambian. Pero si hacemos todo lo posible para modificar, si el juego lo amerita, la estructura o el sistema táctico durante el partido. Por esta razón podemos pasar de jugar con defensa de cuatro a defensa de tres, con un mediocentro o con dos. También bajo dos estructuras fundamentales, el 3-4-3 con rombo en la mitad y el 4-3-3, podemos ajustar el centro del campo. Por ejemplo, en el 4-3-3 el triángulo del medio puede pasar de 1-2 a 2-1.

Creo que el concepto de versatilidad táctica es más complejo porque obedece al colectivo, al conjunto, a las mezclas e interacciones, a diferencia de la polivalencia, que se relaciona más con el aspecto individual. El éxito en las interacciones no radica solamente en las virtudes naturales de los futbolistas. También está en la repetición, en el entrenamiento, en la corrección. En definitiva, en el trabajo.

El equipo que logra ser versátil tácticamente tiene ventaja porque puede ajustarse dentro del juego sin necesidad de hacer cambios nominales. Con los mismos once que fueron al campo se pueden realizar va-

riantes estructurales y guardar las tres substituciones que permite el reglamento para el remate del juego.

En este apartado el análisis del rival es demasiado importante. Así como valoramos las características propias de nuestros jugadores también apreciamos, respetamos e identificamos las características del rival. Por ejemplo, si el jugador de banda del rival es un extremo es posible que elijamos jugar con defensa de cuatro. Ahora, si el extremo oponente, en algún pasaje del partido, juega con perfil cambiado, tiende a ir hacia dentro y por esa zona nos está generando problemas. Entonces, al lateral nuestro lo enviamos de interior, modificando la defensa a tres y el medio campo a rombo, para que tome al jugador referenciado y lo controle. Es en este momento que hacemos interactuar, en aplicación, los conceptos de polivalencia individual y versatilidad táctica colectiva.

En el primer título de Liga conquistado por el Nacional de Juan Carlos Osorio, en 2013, se manifestaron perfectamente los principios mencionados. Así se registró en el blog La Barra.

## Claves tácticas. Nacional campeón

Resultado final, Santa Fe 0 Nacional 2. Tácticamente, Nacional fue superior en todo a su rival. ¿Por qué?

Dicen los italianos que el juego del fútbol es situacional. Palabras más, palabras menos está determinado por diferentes circunstancias que suceden a lo largo del partido. Pues bien, Nacional en El Campin supo jugar y supo adaptarse a los diferentes escenarios que le propuso el juego y el rival.

Para el juego de revancha cambiaron los papeles. Santa Fe salió a proponer (lo más difícil del juego) y Nacional, con más cautela, a controlar. Y en eso, como en Medellín, fue mejor el visitante. La diferencia estuvo en que en el partido de ida Santa Fe solo controló. Anoche Nacional controló y golpeó.

Nacional fue versátil gracias a la polivalencia de sus futbolistas, Stefan Medina y Francisco Nájera. Dependiendo las circunstancias, necesidades y exigencias del rival el equipo de Osorio defendió con el 1-4-4-1-1 y el 1-5-3-1-1. Buena fórmula para evitar la superioridad numérica y posicional de Santa Fe en el centro del campo. Pero más allá del sistema lo que potenció a Nacional defensivamente fue la implicación de todos

sus efectivos (unidos en una misma mente y en un mismo parecer). Nacional no sufrió en defensa. Quizás los únicos momentos de nervios fueron en las pelotas quietas que se repitieron aunque siempre fueron bien defendidas debido al temple y a la concentración de los jugadores de Nacional.

Pero el registro defensivo no fue lo único que dominó Nacional. El equipo de Osorio, a partir del orden colectivo, desarrolló una transición defensa-ataque demoledora. El resultado, dos goles de contragolpe. Y pudieron ser más sobre todo en la segunda mitad. Nacional encontró en Duque el mejor cómplice para culminar sus contragolpes. La potencia (fuerza y velocidad) del 9 le permitió ganar todos los mano a mano que se produjeron con los defensores de Santa Fe. Duque no jugó en Medellín, fue reservado para el partido en Bogotá y fresco hizo un partido monumental. La rotación de Osorio ganó a quienes le criticamos la no presencia de Jeferson en el partido de ida.

Y como si fuera poco, el equipo antioqueño tuvo buenos momentos de posesión y circulación. Nacional también supo 'embolatarle' el balón a Santa Fe para sacarlo del partido.

La estrategia. En la segundo tiempo y viendo que Santa Fe empezaba a ganar po-

sicionalmente en el centro del campo y se venía encima Osorio refrescó y tocó el equipo. Salió Valoy (de partido casi perfecto) y entró Arias. Con Arias ganó aire, volvió a ocupar espacios interiores que pertenecían a Santa Fe y, de nuevo, le cerró los accesos al equipo Cardenal.

Partido muy bien planeado estratégicamente hablando y perfectamente ejecutado en el campo.

Reflexión final. Juan Carlos Osorio dio cátedra de manejo y administración no de 11 futbolistas sino de toda una plantilla. Gracias a sus rotaciones.

A continuación, artículo escrito en *winsports.co* en el que se compara la administración del plantel de Juan Carlos Osorio con técnicos referentes a nivel mundial.

## Versatilidad táctica y polivalencia

En el fútbol actual, si es que se puede hablar de fútbol moderno, hay dos conceptos que se han convertido en máximas. Versatilidad táctica del conjunto y polivalen-

cia o flexibilidad posicional de los jugadores.

Viendo este fin de semana al Bayern de Guardiola y al Manchester United de Van Gaal corroboré esta teoría.

El Múnich dio cátedra el fin de semana en este par de registros. Partió del 4-2-4 con dos extremos, uno de ellos falso (Ribery), un 9 y un falso 9 (Robben). Pasó por el 2-2-6 y por el 3-3-4 (o 4-3-3 invertido). Cerró con el clásico 4-3-3. Y como si fuera poco, Robben y Ribery están jugando más por dentro, de interiores, que por banda. Por ejemplo, en el 3-3-4 el lateral izquierdo fue de extremo y Ribery pasó de interior izquierdo. Tanto movimiento termina confundiendo, cansando y poniendo a pensar más de la cuenta al oponente.

Lo de Guardiola y el Bayern es un ejemplo que invita a salirse del molde. Un ejemplo que reconfirma la teoría; dos conceptos del fútbol actual, versatilidad táctica y polivalencia.

Apuntes de Osorio analizando características del Barcelona, rival de Nacional en la Copa Libertadores 2015.

De otro lado, el Manchester United. Atención al movimiento de la pizarra. Smalling, central y lateral. Valencia y Yong, extremos reconvertidos en laterales (ya no parten adelante, parten atrás). Rojo, en el mundial lateral, de central. Carrick, mediocentro y central. Mucha polivalencia, flexibilidad posicional de los jugadores.

Así amplias la plantilla, parecen más, se multiplican las posibilidades, las opciones y el uso y ocupación de zonas y espacios en el campo. En otras palabras, parece que jugaras con más de once porque estoy aquí cumpliendo una tarea y después allá cumpliendo otra y los compañeros igual. Y mientras hago una tarea, de un compañero, lo libero para que el cumpla otra y a su vez libere a un tercero. Hago lo mío y puedo hacer y hago lo de otro (s). Multiplico las fuerzas. Y de paso el DT tiene muchas posibilidades a la hora de mover la pizarra.

Afortunadamente en Colombia no estamos lejos de estas conductas. Incluso nuestros jugadores y técnicos ya lo han aplicado y lo aplican. El mejor ejemplo de versatilidad táctica y polivalencia en Colombia lo ha dado el Nacional multicampeón de Osorio. Es decir, no estamos atrasados.

# CAPÍTULO IV

## ESTRATEGIAS OPERATIVAS*

Llegó el momento de ir al campo. De levantarnos del pupitre, guardar el cuaderno y el lápiz, abandonar el tablero y salir del salón. Llegó la hora de saltar a la cancha, de pisar el césped. Llegó la hora de aplicar, de ensayar, de provocar, de errar y acertar, de experimentar, de vivenciar, de hacer. En definitiva, de ¡operacionalizar!

Y es precisamente aquí, en la operacionalización, en el campo de juego, en el campo de práctica, donde el modelo y sus principios ven luz. Es precisamente ahí, en el día a día, en las ejercitaciones y en los juegos, en donde Juan Carlos Osorio guarda su gran secreto.

---

* Cambio en el título por sugerencia de Marcelo Bielsa

Si hablamos de entrenar, quizás muchos técnicos entrenan. Pero ¿cuántos operacionalizan? Es decir, ¿cuántos no extraen de los libros ejercicios de otros, plagian y aplican irracionalmente? Y en contraposición ¿cuántos recrean ejercitaciones propias luego de un esfuerzo mental y las mismas están orientadas al desarrollo, aplicación y ejecución de los principios de juego que dan vida al modelo? Ahí, en recrear e inventar escenarios afines al modelo y los principios está la diferencia.

Antes de compartir varias ejercitaciones diseñadas en su totalidad por el propio Juan Carlos Osorio vamos a presentar algunas reflexiones que hace el propio director técnico respecto a la operacionalización del modelo de juego y sus principios.

## Juan Carlos Osorio y sus estrategias operativas

Junto al staff técnico, todos hombres de fútbol, tratamos de generar escenarios reales de juego. Partimos del 9 contra 9, con estructura 1-3-2-3, y llegamos al 13 contra

13, con estructura 1-4-4-4. Estas ejercitaciones o juegos tácticos menores los podemos realizar en todo el campo o en sectores para trabajar dimensiones sectoriales e intersectoriales. Nuestra pretensión es que se reproduzcan comportamientos ofensivos y defensivos para situaciones reales de juego, las que vamos a encontrar en los partidos. En este apartado estamos en continuo aprendizaje porque no hacemos sesiones de trabajo sacadas de un libro. Por lo anterior creemos que en lo que respecta a la operacionalización nunca terminaremos de aprender.

De otra parte, es determinante que las ejercitaciones sean específicas del juego del fútbol, pero lo es más determinante aún que sean específicas de nuestro jugar, de nuestra idea, de nuestro modelo de juego.

Fundamentalmente el trabajo se desarrolla así:

1. Diseñamos un escenario sobre una situación real que se puede presentar en el partido.

2. Manipulamos las dimensiones del campo para que dicha situación se reproduzca muchas veces o se presente con más frecuencia.

3. Manipulamos la cantidad y el número de jugadores y elegimos los hombres sobre los cuales, por posición y tarea, se va a presentar esa situación de juego.

4. Finalmente, hacemos vivenciar dicha situación de juego a los jugadores para que en el momento de aplicación, ya en el partido, el jugador perciba, identifique, decida y ejecute de la manera más conveniente y ventajosa para él y para el equipo en el menor tiempo posible.

Para continuar con este magnífico apartado del fútbol, llamado operacionalización, somos creyentes fieles de la estimulación y el trabajo de la memoria operativa. Creemos que cuánto más archivos almacene la memoria operativa del jugador, en el momento en el que el juego le exija una respuesta específica, éste (el jugador) tendrá más y mejores repuestas-posibilidades para percibir, identificar, decidir y ejecutar.

Percibir, identificar y decidir son tareas del sistema nervioso central. Ejecutar es tarea del sistema neuromuscular. Puede que el jugador se equivoque en la ejecución

pero valoramos mucho si su decisión sobre una acción específica ha sido la correcta.

Para mejorar este proceso es necesario aumentar la cantidad de archivos en la memoria operativa y esto lo conseguimos a través de la repetición, pero no analítica, sino funcional, contextual y real.

A través de las ejercitaciones y los juegos todo se puede trabajar y vivenciar. Pero es fundamental hacerlo todo en especificidad. Esa es una de nuestras convicciones.

Para sintetizar, nuestras ejercitaciones, repito, no son extraídas de los libros. Tenemos nuestro propio menú y las ajustamos a nuestro jugar. Desde la entrada en calor hasta los juegos tácticos menores y las situaciones de 11 contra 11 y 13 contra 13 las ejercitaciones las orientamos a nuestro modelo y principios de juego. Esta es una tarea interminable.

Luego del repaso conceptual de Osorio presentamos las siguientes ejercitaciones elaboradas por el propio entrenador y que hacen parte de su menú. Dejamos la ejercitación tal cual la diseñó Juan Carlos Osorio para que el lector observe cada uno de los detalles implícitos en ella. A continuación apreciamos que mediante la 'fractalización' del juego (global) se ejercitan pequeñas porciones del mismo (los principios) sin per-

der de vista que el juego del fútbol es una cadena de interacciones y una unidad indivisible.

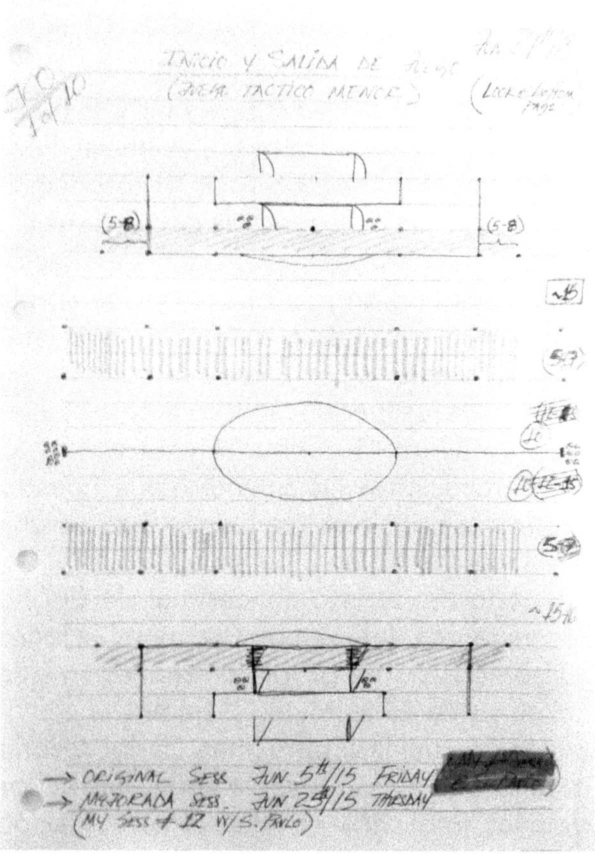

ENTRENADOR

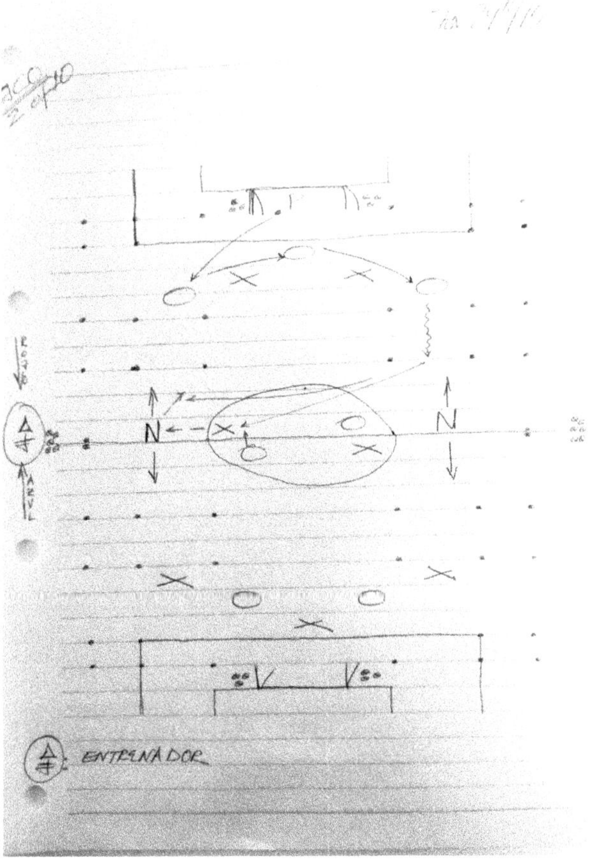

DEMARCACION DE CAMPO

EN UNA CANCHA DE FUTBOL REGULAR.

1 DE PUNTO PENAL A PUNTO PENAL Y 50-56 MTS DE ANCHO.

2 2 AREAS EXTRICTAMENTE DE Y PARA LOS 2 PORTEROS.
APROXIMADAMENTE 5 (MTS DE LARGO) X 50-56 ANCHO.

3 2 AREAS EXTRICTAMENTE PARA LOS DEFENSORES Y VOLANTES

CONDUCIR Y PROGRESAR CON LA PELOTA.

APROXIMADAMENTE 5-7 MTS (DE LARGO) X 50-56 ANCHO.

4 2 AREAS PARA EL INICIO Y SALIDA DEL JUEGO.

APROXIMADAMENTE 15-18 MTS DE LARGO X 50-56 DE ANCHO.

7CC
4 oct 10

NOTA: SI SE REQUIERE AUMENTAR EL/LOS
3CIOS DEFENSIVOS Y OFENSIVO DE CADA
EQUIPO, SE RECOMIENDA ALARGAR [illegible]
Y HACERLO DE AREA CHICA A AREA [illegible]
Y AMPLIAR ASÍ, ESTAS AREAS A
MAS Ó MENOS 20-22 MTS DE LARGO X
50-56 MTS DE ANCHO.

5 UNA (1) AREA (3CIO MEDIO) DE
GESTACION Y PREPARACION DE EL
ATAQUE.
APROXIMADAMENTE 20 MTS DE LARGO
X 50-56 ANCHO.

[illegible]

DESARROLLO Y EVOLUCIÓN (EVALUACIÓN) DE LA EJERCITACIÓN

JUEGO TÁCTICO MENOR:

P - 3 - 2 - 2 X 2 + NEUTRALES X 2

OBJETIVO: ① GENERAR SUPERIORIDADES NUMÉRICAS Y POSICIONALES.

② ENCONTRAR Y POTENCIALIZAR EL HOMBRE LIBRE.

SE INICIA CON UNA PELOTA DE EL ENTRENADOR A 1 de LOS "4" JUGADORES EN CUALQUIERA DE LOS 2 3eros DEFENSIVOS.

SE JUEGA EN SUPERIORIDAD NUMÉRICA 4 vs 2

[illegible]

7CO 6 oct 10

TAREA: COMPLETAR 4-6 PASES REALES Y SEGUROS PARA QUE UNO DE LOS DEFENSORES SALGAN DE JUEGO CONTROLANDO A TRAVÉZ DE UNA "CONDUCCIÓN" DE APROXIMADAMENTE 6-7 MTS.

* SOLO CUENTA 1 PASE DE EL DEFENSOR. ENTRANDO AL 3ER MEDIO, SE JUEGA 4 VS 2, CON SUPERIORIDAD NUMERICA DE 2 JUGADORES PARA EL EQUIPO EN POSESION DE LA PELOTA.

* NOTA / ACLARACIÓN

DE LOS 2 JUGADORES NEUTRALES

1 SE DENOMINA "1" PARA CADA EQUIPO

2 SOLO PARTICIPA EL UBICADO EN EL LADO CONTRARIO POR DONDE "ENTRA" EL DEFENSOR CONDUCIENDO.

Fcn. 29/4/13

7CO
7 of 10

PARA HACER EMFASIS EN LA PELOTA CRUZADA

TAREA: COMPLETAR 4-6 PASES REALES Y SEGUROS PARA QUE UNO (1) DE LOS VOLANTES PROGRESE AL 3ero OFENSIVO A TRAVEZ DE UNA CONDUCCIÓN DE APROXIMADAMENTE 5-7 MTS.

* TRATAR QUE LOS 4 JUGADORES EN POSESIÓN DE LA PELOTA, ASUMAN UNA FIGURA DE ROMBO Ó DIAMANTE Y ASÍ PODER GENERAR UNA POSIBLE LINEA DE PASE AL REFERENTE DE AREA Y/O AL VOLANTE RESOLUTIVO JUGANDO POR DETRAS DE EL.

3CO
8 of 10

Jun 29th/15

~~EN EL 3cio OFENSIVO~~

SI LOS 2 VOLANTES EN INFERIORIDAD, RECUPERAN LA PELOTA, PUEDEN "PASARLA" (NO CONDUCIR) A UNO DE SUS 2 ATACANTES Y PROGRESAR A SU 3cio OFENSIVO Y JUGAR 3 vs 2 EN SUPERIORIDAD NUMERICA

NOTA: EL DEFENSOR QUE "CONDUJO" NO PUEDE PARTICIPAR.

LA ENTRADA AL 3cio OFENSIVO A TRAVÉZ DE EL PASE ES PASIVA HASTA QUE EL VOLANTE RECUPERADOR LLEGUE AL ENCUENTRO DE LA DEVOLUCION.

EL EQUIPO QUE INICIÓ EL JUEGO,
SI PROGRESA SATISFACTORIAMENTE
A SU 3ero OFENSIVO.
SE JUEGA 3 vs 3 MÁS EL "NEUTRAL"
QUE AHORA JUEGA DENTRO Y DESDE ESA
ZONA DE CONDUCCIÓN COMO "APOYO DE
SEGURIDAD".

NOTA: ESTE VOLANTE "NEUTRAL" NO PUEDE
ENTRAR EN EL 3ero OFENSIVO, NI TAMPOCO
PUEDE REMATAR A PORTERÍA.
SOLO ACTÚA DE APOYO PARA SUS
3 ATACANTES Y SOLO JUEGA A 2 TOQUES!
SI LOS 3 ATACANTES LOGRAN EXIGIR
AL PORTERO Y LA PELOTA VA A FUERA,
SE REANUDA CON OTRA PELOTA INICIADA
POR EL JUGADOR "NEUTRAL".

SI LOS 3 ATACANTES ANOTAN UN GOL, SE REANUDA EL JUEGO, POR PARTE DE EL ENTRENADOR CON UNA PELOTA AL EQUIPO RIVAL EN SU "PROPIO" 3ERO DEFENSIVO !!!

# Ejercitación 2 + Progresión al 11 contra 11

PRINCIPIO OFENSIVO: JUEGO POSICIONAL EN ZONA ALTA (3ER OFENSIVO)

SUBPRINCIPIOS:

- MOVILIDAD Y/O FIJACIÓN POSICIONAL DE RIVALES
- HOMBRE LIBRE
- DISTANCIAS DE RELACIÓN
- ATRAER RIVALES
- SEQUENCIAS LARGAS DE PASES.

PRINCIPIOS DEFENSIVOS:

- DEFENDER EN POSICIÓN ALTA
- REACCIÓN INMEDIATA ANTE LA PÉRDIDA

SUBPRINCIPIOS:

- 1er DEFENSOR PRESIONA Y ORIENTA AL POSEEDOR DE LA PELOTA.
- LOS PRÓXIMOS BLOQUEAN EL PRÓXIMO PASE.
- LOS ALEJADOS EJERCEN VIGILANCIAS ESTRECHAS SOBRE LOS POSIBLES RECEPTORES.

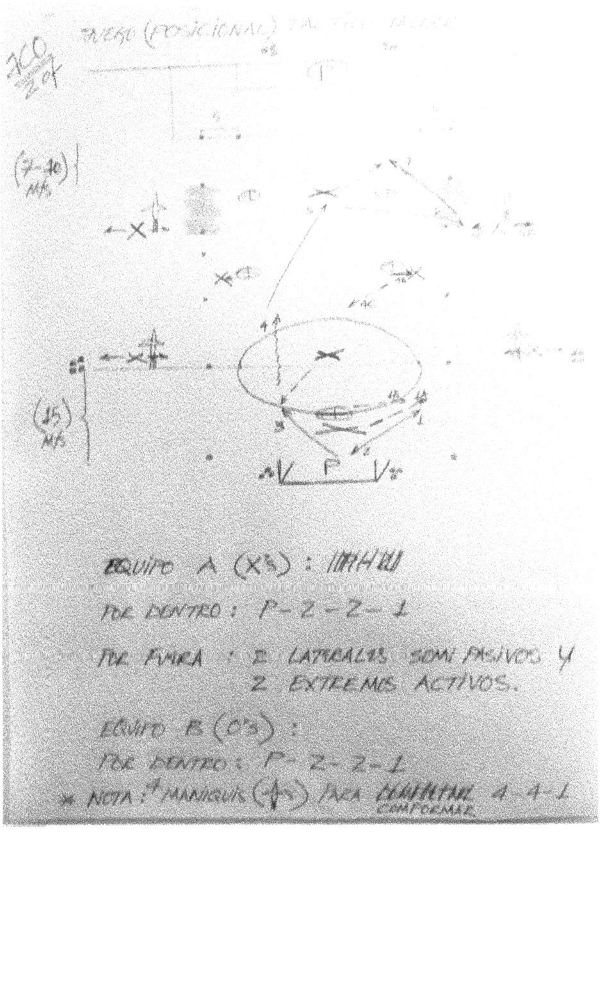

EQUIPO A (X's):

POR DENTRO: P-2-2-1

POR FUERA: 2 LATERALES SEMI-PASIVOS Y
2 EXTREMOS ACTIVOS.

EQUIPO B (O's):

POR DENTRO: P-2-2-1

* NOTA: 4 MANIQUIS PARA COMPLETAR 4-4-1
CONFORMAR

200/30 9 DEMARCACION DE CAMPO
(JUEGO TACTICO MANO)

EN UNA CANCHA DE FUTBOL REGULAR

1 SE EXTIENDE EL AREA CHICA, 5 MTS HACIA AFUERA DE CADA LADO.

2 SE CIERRA LA ENTRADA AL AREA GRANDE +/- A 7-10 MTS.

3 LA OTRA PORTERIA SE COLOCA A 15 MTS
EN LA OTRA MITAD DE CANCHA.

NOTA: AREA DE JUEGO, APROXIMADAMENTE, 40 MTS DE LARGO X 30 MTS DE ANCHO.

7CC
4 of 9

DESARROLLO Y EJECUCION
DE LA EJERCITACION

SE INICIA EL JUEGO CON UNA BOLA DEL PORTERO Y SE JUEGA 3 vs 1 ATACANTE EN UNA AREA DE 15 MTS X 30 MTS

EL JUEGO DEBE PROGRESAR CON UNA CONDUCCION DE 1 DE LOS 2 CENTRALES DESPUES DE 3 – 5 PASES.

DESPUES DE GENERAR SUPERIORIDAD POSICIONAL EN EL 3ero MEDIO OFENSIVO, SE JUEGA 4 vs 4.

EN ESTE 3ero, SE UBICAN 2 LATERALES Y 2 EXTREMOS "FIJANDO" A LOS VOLANTES LATERALES Y MARCADORES RESPECTIVOS QUE CONFORMARIAN EL 4-4-1 DE EL EQUIPO B (+)
ESTOS SON REPRESENTADOS CON MANIQUIS (+)
LOS 2 LATERALES Y 2 EXTREMOS DE EL EQUIPO A (X), SOLO PARTICIPAN COMO APOYOS (2 TOQUES MAXIMO) SALIENDO - ARRANCANDO DE SU POSICION DE FIJADORES.

~~7C0~~
5 of 9

EL OBJETIVO ES ENTRAR EN A[illegible] COMBINATIVAS ~~[illegible]~~ CON BA[illegible] FILTRADOS POR ESOS AGUJEROS ENTRE DEFENSORES CENTRALES Y LATERALES.

SI EN ESE INTENTO, EL EQUIPO A (X) PIERDE LA PELOTA, TIENEN QUE REACCIONAR INMEDIATAMENTE Y EVITAR 4 PASES DE EL EQUIPO B (⊕) Ó BLOQUEAR 1 PASE DE PROFUNDIDAD A SU ATACANTE ESPERANDO PARA HACER "UN DUELO" CONTRA EL ÚLTIMO Y ÚNICO DEFENSOR. DE EL EQUIPO A (X).

JUEGO (POSICIONAL) 11 v 11

(25 Mts)

(10 Mts)

P

P

P

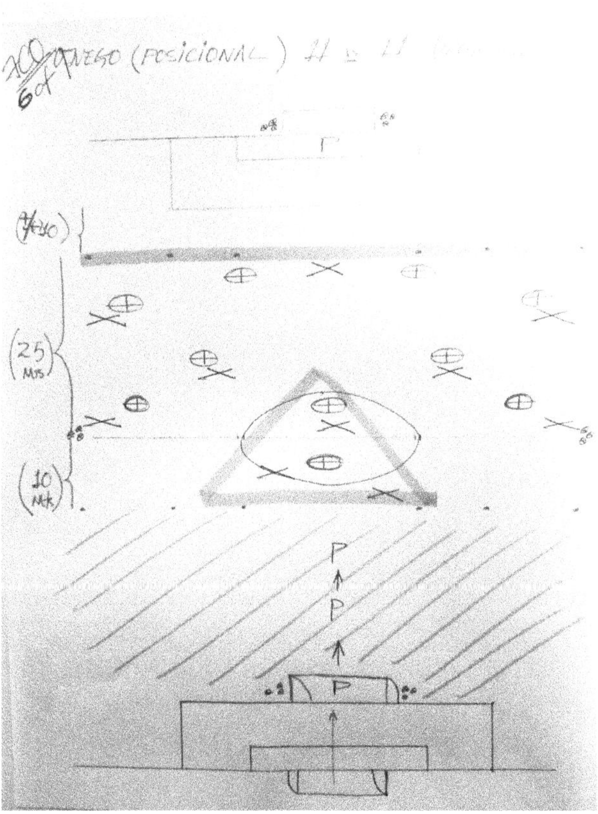

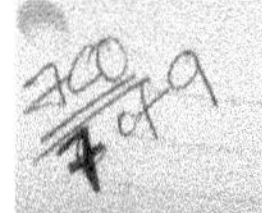

DEMARCACION DE CAMPO
11 vs 11 (PROGRESION)

EN UNA CANCHA DE FUTBOL REGULAR.

1 SE CIERRA LA ENTRADA AL AREA GRANDE +/- A 7-10 MTS.

SE INICIA EL JUEGO EN LOS RESTANTES 25 MTS DE ESA MITAD, MÁS 10 MTS DE LA OTRA MITAD. ES DECIR SE JUEGA 11 vs 11 EN 35 MTS DE LARGO X TODO EL ANCHO DE LA CANCHA.

2 LA PORTERIA DEFENDIDA POR EL EQUIPO A (X) SE COLOCA EN LA FRONTERA DE EL AREA GRANDE.

DESARROLLO Y EJECUCIÓN
DE EL 11 v 11

SE INICIA EL JUEGO CON UNA [illegible] A
UNO (1) DE LOS CENTRALES DE EL [illegible]

SE JUEGA 3(X) vs 2(F)

DESPUÉS DE GENERAR SUPERIORIDAD
POSICIONAL EN EL 3ER MEDIO OFENSIVO,
SE JUEGA A PENETRAR ESA LÍNEA
ROJA CON BALONES FILTRADOS
POR ESOS AGUJEROS ENTRE DEFENSORES
Y/O CON ACCIONES COMBINATIVAS.

LOS QUE JUEGAN ALEJADOS, DESCOLGADOS,
EXTIENDEN Y FIJAN A SUS RESPECTIVOS RIVALES PARA
AMPLIAR LOS ESPACIOS INTERNOS Y
GENERAR LÍNEAS DE PASES
ENTRE PRÓXIMOS.

AL MOMENTO "INMINENTE" DE LA PÉRDIDA,
EL EQUIPO A(X) TIENE 6-8 SEGUNDOS
Y/O 6 PASES PARA RECUPERAR LA
PELOTA.

PRESIONANDO INMEDIATAMENTE, SE RETARDA,
SE CONDICIONA LA SALIDA DEL RIVAL. Y

9 of 9

EVITAN TRANSICIONES DEFENSA ATAQUE

A ESPALDAS DE LA DEFENSA ALTA.

# CAPÍTULO V

## BRASIL: RECONSTRUCCIÓN EN TIEMPO RÉCORD. APLICACIÓN DE PRINCIPIOS. DEJANDO HUELLA

El primero de junio de 2015 Juan Carlos Osorio es presentado, en medio de una gran expectativa, como técnico de San Pablo, tricampeón de América y tricampeón del mundo. El siete de junio debuta con triunfo ante Gremio (2-0) en el estadio Morumbí. Aquella noche el césped del Cícero Pompeu de Toledo luce hermoso, mojado. El balón rueda y vuela por abajo. *A troca de passes* (el intercambio de pases) de los blancos es endemoniado, fundamentalmente en la primera mitad. Brasil en estado puro. Las interacciones entre Carlinhos, Denilson, Bastos y Ganso dan miedo y estremecen al rival. San Pablo tiene un gran plantel en calidad y cantidad. Capaz de pelear por el título del

Brasileirao 2015. Osorio lo sabe, lo siente, y la exhibición de aquel sábado en la noche ante los gauchos reconfirma sus sensaciones. Osorio se saborea la boca y se frota las manos. Plantel técnicamente rico, con buenos peloteros en todas sus líneas. La ilusión es tremenda.

Sin embargo, los golpes no tardan en llegar y aparecen en cadena, uno tras otro. Junio y julio, los meses calientes del mercado de verano en Europa, conspiran contra las ilusiones e intenciones del mister. Durante el mercado europeo se marchan seis jugadores influyentes en el juego del tricolor paulista. Uno tras otro hacen maleta con destino al viejo continente, los centrales Rafael Toloi, Doria y Miranda, los centrocampistas Denilson (medio oriente), Souza y Boschilia y los atacantes Jonathan Cafu y Ewandro. Sin contar con el fallido paso de Rodrigo Caio al Atlético de Madrid. La dirigencia de San Pablo necesita frenar una gigantesca crisis económica y la única solución a la vista es transferir a muchos de sus jugadores a Europa. A Osorio la dirigencia tricolor le omitió durante la negociación la crisis financiera del club. El propio entrenador lo corroboró en una entrevista colectiva: "no me mintieron, pero tampoco me hablaron de la situación económica tan de-

licada del club", señaló Osorio. Sin embargo, la realidad es una, mientras San Pablo pierde fuerza, los adversarios Corinthians, Mineiro y Palmeiras se refuerzan.

El plantel, por obvias razones, empobrece y enflaquece en cantidad y calidad. En cantidad todo un pecado teniendo en cuenta que en Brasil se juega cada tres días y es una obligación si la pretensión es competir hasta el final de temporada, tener un plantel amplio para suplir las necesidades propias de una competencia *express*, lesiones, amonestaciones, fatigas y citaciones a seleccionados nacionales.

Por la velocidad y cantidad de juegos en Brasil las rotaciones no son un capricho. Son una necesidad. La voracidad de la competencia (cada tres días hay que ir al campo) te exige un plantel amplio al que sí o sí debes rotar. De lo contrario no aguantas el ritmo. El *Brasileirao* se juega en siete meses con 20 equipos y 38 fechas, algo *sui generis* en el planeta fútbol. Sin contar las jornadas de la Copa de Brasil y los torneos internacionales. Pese a todo lo anterior no hay quejas ni reclamos. Osorio calla, traga veneno y nunca amenaza con dejar tirado lo que en principio era un crucero (un barco de potente artillería) y a esta altura no es más que un debilitado navío que se hunde en un abrir

y cerrar de ojos. Es más, aguanta hasta último momento la seductora, inmejorable e irrepetible oferta de la Selección de México. Osorio y sus ayudantes (Pompilio Páez, Milton Cruz y Jorge Ríos entre otros) se ponen el overol y empiezan a trabajar en la búsqueda de soluciones y alternativas. Y en este punto echan mano de los principios metodológicos en los que creen y confían: las rotaciones (*rodizio* le llaman en Brasil), la polivalencia individual y la versatilidad táctica colectiva, las cuales de nuevo vuelven a ser sus mejores aliados. Sin dejar atrás la pedagogía, la metodología y por supuesto la operacionalización (estrategias operativas). Osorio y los suyos ponen en marcha el plan "reconstrucción": levantar, sobre lo destruido, a San Pablo.

El Tricolor se queda sin centrales. Se van Toloi, Doria y Miranda. Osorio hace debutar a los *garotos* (jóvenes) Lyanco y Lucao. Y contrata a un desconocido de la Serie B, Luiz Eduardo, por recomendación de su asistente Milton Cruz. Con esto mejora su defensa. Poner debutantes en la última línea no deja de ser una apuesta osada y peligrosa. Sin embargo, así es Osorio, atrevido. Lyanco, Lucao y Luiz Eduardo son educados durante la operacionalización en conceptos como salida de balón (*saida de bola*), cambios

profundos de orientación (*bola virada*), conexión interior con avanzados, anticipos, vigilancias estrechas, persecuciones, acciones retardadoras, posicionamiento adelantado. Tareas necesarias para poder aplicar los principios del modelo de juego.

San Pablo se queda sin mediocentros (se fueron Denilson y Souza). Osorio echa mano de la polivalencia individual y trae a esa zona del campo a Thiago Mendes (con el tiempo uno de los mejores jugadores del *Brasileirao* 2015), al propio Michel Bastos y a Breno, un central que estuvo en la cárcel en Alemania por incendiar su casa durante su paso por el Bayern Munich y al que le dio una segunda oportunidad en el fútbol.

Thiago Mendes, más acostumbrado al ida y vuelta, en principio no cree mucho que como volante central (más posicional) puede rendir. Con Osorio prueba, iteracciona (repite) y finalmente se convence. Gracias a la colocación de Mendes San Pablo corrige una enorme dificultad que le hizo pasar disgustos y derrotas. Cuando perdía la bola ante equipos replegados (la gran mayoría incluyendo los grandes Palmeiras, Corinthians y Fluminense) la primera y segunda línea de recuperación, en campo rival, carecía de agresividad para cortar los pases que sumaba el adversario en el

centro del campo y que le daban tiempo a sus efectivos para desdoblar, atacar los espacios y tirar el contragolpe. El equipo de Osorio en principio sufrió muchos goles de esta manera. Con Mendes, rápido, intuitivo, agresivo, arriesgado y valiente para salir de su zona e ir a robar el balón y con gran capacidad para abarcar mucho espacio en el centro del campo por su despliegue, San Pablo finalmente logra corregir este defecto. Con Mendes, por delante de la defensa, el Tricolor gana anticipación, cierres, relevos, vigilancias estrechas y retardaciones, cosas básicas para contrarrestar el armado y desarrollo del contragolpe rival. De otra parte, pese a la riqueza inicial del plantel tricolor Juan Carlos Osorio encuentra escasez de extremos. Vale la pena recordar que el juego de banda y los extremos siempre han sido una obsesión para el *mister* y algo determinante dentro de su modelo de juego.

Para limitar este problema reconvierte a Carlinhos, natural lateral izquierdo, en extremo por derecha. Su aporte, generoso en varios juegos. De igual manera desempolva a un chico llamado Auro. Lleva al colombiano Wilder Guisao, conocido desde Atlético Nacional, y por recomendación de su asistente Pompilio Páez ficha a Rogerio, un chico

joven apodado el "Neymar del Nordeste". Con ellos gana amplitud, uno contra uno por banda, centro, velocidad para atacar los espacios en las transiciones defensa-ataque (algo de lo que también carecía) y solidaridad defensiva gracias al repliegue de los extremos.

Durante la gestión Osorio Alexandre Pato revive como goleador partiendo de la banda izquierda y con perfil cambiado. *O craque* (el crack) Paulo Henrique Ganso, criticado por su actitud, aumenta sus niveles de competitividad, cooper más sin balón y se compromete con el equipo en la fase de no posesión. Y Rogerio Ceni, el mejor portero de Sudamérica jugando con los pies y un auténtico referente de San Pablo, alarga un tiempo más su retiro de los campos de fútbol.

De esta forma, Osorio logra sobrevivir en un medio como el brasileño donde los técnicos de fútbol son llevados a la hoguera sin misericordia. En la edición 2015 del Brasileirao apenas Tite, entrenador del campeón Corinthians, se mantuvo en el cargo de principio a fin. El resto de equipos de la Serie A, 19 en total, cambiaron en el transcurso de la competencia a su entrenador mínimo una vez.

En conclusión, a Juan Carlos le rompen el plantel. Sin embargo, como paciente y sabio costurero supo remendarlo. Quizás en otras manos, con todo lo sucedido, San Pablo en el aspecto futbolístico se hubiera caído estrepitosamente (en lo dirigencial la crisis fue grande). Juan Carlos puso el toque para reconstruir al *Soberano* en tiempo récord; tres meses.

Antes de emprender camino a México el entrenador colombiano deja al Tricolor en la semifinal de la Copa de Brasil y peleando en el G-4, grupo de los cuatro primeros en la tabla de posiciones que otorga plaza a la Copa Libertadores 2016.

Las cifras lo corroboran todo y aunque no son lo más importante en este caso, son concluyentes; durante la gestión Osorio San Pablo vende seis jugadores por valor de 29,7 millones de dólares. Le entran a sus cuentas 15,3 millones de dólares. Apenas gasta en tres refuerzos 287 000 dólares. Cifra contundente.

Cuadro de ventas de San Pablo durante la gestión Osorio. Seis ventas y ocho salidas en total. Única solución para evitar un desangre financiero mayúsculo.

| JUGADOR | TOTAL INGRESO (EN REALES) | TOTAL SAN PABLO (EN REALES) |
|---|---|---|
| RAFAEL TOLOI | 14 MILLONES | 3,5 MILLONES |
| DENISON | 26,7 MILLONES | 10,7 MILLONES |
| PAULO MIRANDA | 4,5 MILLONES | 4,5 MILLONES |
| BOSCHILIA | 34,7 MILLONES | 24,3 MILLONES |
| SOUZA | 27,8 MILLONES | 9,7 MILLONES |
| J. CAFU | 6,2 MILLONES | 6,2 MILLONES |

Cuadro de fichajes durante la gestión Osorio. Apenas tres jugadores llegaron al club. El costo fue ínfimo con relación al dinero que ingresó por las ventas.

| JUGADOR | PAGO SAN PABLO |
|---|---|
| WILDER GUISAO | PRÉSTAMO SIN CARGO |
| LUIZ EDUARDO | COSTO CERO |
| ROGERIO | UN MILLÓN CIEN MIL REALES (287 000 DÓLARES) |

Marchan en total ocho jugadores. Llegan tan solo tres. Las otras cinco plazas se suplen gracias a la polivalencia individual, la mejor aliada a la hora de encontrar soluciones, alternativas, plan "B", plan "C", desde lo nominal, táctico y estratégico. Osorio parece haber ampliado en número el plantel paulis-

ta. No es así. Lo amplia en calidad de ejecución, no en cantidad de efectivos.

Cuadro de polivalencia. Puso a muchos jugadores a jugar y rendir en distintas posiciones para ampliar posibilidades tácticas colectivas, tapar huecos y suplir ausencias, carencias, limitaciones y necesidades

| JUGADOR | POSICIONES |
|---|---|
| TIAGO MENDES | MEDIOCENTRO, LATERAL, EXTREMO |
| LYANCO | CENTRAL, LATERAL DERECHO |
| CENTURIÓN | EXTREMO, FALSO 9 |
| ALEXANDRE PATO | EXTREMO, CENTRO-ATACANTE |
| LUCAO | CENTRAL, MEDIOCENTRO |
| BRENO | CENTRAL, MEDIOCENTRO |
| CARLINHOS | NATURAL LATERAL IZQUIERDO RECONVERTIDO EN INTERIOR Y EXTREMO CON PERFIL CAMBIADO |
| RODRIGO CAIO | CENTRAL, MEDIOCENTRO |
| BASTOS | LATERAL, INTERIOR, EXTREMO, FALSO 9 |
| GANSO | NATURAL CONECTOR CONVERTIDO EN FALSO 9 |

## El respeto, el cariño

Para un "desconocido" no es cosa fácil ganarse el respeto del entorno al que llega. Es una tarea compleja y cuesta. Eso le aconteció a Juan Carlos Osorio recién desembarcado en San Pablo, fundamentalmente con el exitenge y egocéntrico plantel Tricolor Esta situación la relata magistralmente el periodista Rodrigo Bueno en una columna titulada "Al maestro Osorio, con cariño" publicada den el blog Diferenciado del portal *www.foxsports.com.br*. A continuación un extracto de dicho escrito.

*Al maestro Osorio, con cariño*

*Los más antiguos y los cinéfilos se van a acordar de un gran film británico de 1967 con Sidney Poitier llamado "To Sir, with Love", un drama muy conocido en Brasil como "Al maestro, con cariño" que pasaba sistemáticamente en la sección de la tarde en los años 70 y 80 (no sé por qué ese film no aparece en canales cult actualmente). Poitier, negro, encarna el papel de ingeniero desempleado que va a dar clases en Londres a un grupo de alumnos tan blancos cuanto rebeldes. Aquel bando de adolescentes in-*

*disciplinados y arrogantes muestra gran repulsión por la llegada del nuevo profesor, que encara con coraje y mucha honradez el duro desafío de enderezar aquellos jóvenes desordenados. La cuestión racial tiene peso fuerte en el film, pero la historia va mucho más allá de eso. Las lecciones son muchas, y creo que cabe aquí la comparación con los pocos meses de trabajo de Juan Carlos Osorio en San Pablo (...) Osorio en poco tiempo cambió una cantidad de análisis, silbidos, desafueros... Algunos de sus comandados lo trataron inicialmente de forma infantil y cobarde, casos de Ganso, que salió del campo haciendo gestos groseros ante las cámaras, de Michel Bastos, que soltó una grosería contra su entrenador por ser sustituido, y de Centurión, que usó las redes sociales para cuestionar y criticar a su superior. Tal vez el plantel sao-paulino sea el más mimado y el más lleno de egos del país, uniendo figuras como Rogerio Ceni, Pato, Luis Fabiano, Ganso, Bastos, Wesley, etc. Domar esas "fieras" no debe ser sencillo, y parecía que Osorio sería devorado por el vestuario. Pero, tal cual el profesor Mark Thackeray, el maestro interpretado por Sidney Poitier, Osorio conquistó con diálogo, trabajo y buen ejemplo a su grupo de indomables...*

# El mejor cumplido

Que mejor cumplido que los propios dirigidos elogien pública y genuinamente a su líder, en este caso, entrenador. En Brasil, con el paso del tiempo, los piropos de los referentes de San Pablo hacía Osorio abundaron. El respeto, la admiración y el cariño permanecen. Algunos lo compararon con Guardiola y Mourinho, otros alabaron su método de trabajo y otros exaltaron su modelo de juego.

Rogerio Ceni, *o mito* sao-paulino, el 14 de junio de 2015 lanzó estas palabras: "Para Sudamérica diría que Osorio es uno de los mejores. Es un técnico top, de los grandes entrenadores de América que conozco. Y ojo que he trabajado con mucha gente capacitada, mucha gente buena. Osorio es un tipo especial, va a significar para el fútbol sudamericano lo que significan para Europa entrenadores como Guardiola o Mourinho. Juan Carlos, a pesar de no ser brasileño, consigue entender la mentalidad del jugador brasileño. Y al mismo tiempo que es un tipo fácil de lidiar, es extremamente exigente. Eso obliga a que cada jugador deje lo mejor en campo", sentenció el eterno capitán tricolor.

Por su parte, Luis Fabiano, *o fabuloso*, el 7 de junio de 2015 manifestó: "Osorio es un tipo genial, alegre y frentero. Con pinta de profesor (risas). Habla con autoridad y logra que los jugadores crean en lo que él quiere. Su método de trabajo es europeo. Jugué mucho tiempo en Europa y puedo decir que el estilo de Osorio es muy parecido al de allá. Pese al poco tiempo que lleva en San Pablo puedo decir que Osorio ya nos cautivó. Tengo seguridad que esta metodología nos hará fuertes", puntualizó el delantero.

Y finalmente, Alexandre Pato no ahorró elogios. El ex Milan el 26 de agosto de 2015 señaló en la sección *'É Papo de Gol'* del programa 'É Gol' del canal SporTv: "Juan Carlos es súper profesional. Muy inteligente. Es un tipo que arriesga y en el fútbol brasileño es muy difícil encontrar un entrenador que juegue para adelante", espetó el goleador.

Cerramos nuestro recorrido con dos artículos, muy futboleros, que matizan este enriquecedor capítulo, y el relato exclusivo para este libro de Rogerio Ceni y Alexandre Pato sobre su experiencia junto a Juan Carlos Osorio en Brasil.

Columna escrita por Jorge Andrés Bermúdez, autor-escritor de L*a Libreta de Osorio*, publicada el 25 de noviembre de 2015 en el portal web del canal deportivo colombiano Win Sports.

## Transgresivos

Transgresión que va en contra de una costumbre. Así es Pep. Un técnico transgresivo. Se apoya en la rotación, la polivalencia individual y la versatilidad táctica colectiva. Modifica el posicionamiento y las zonas de gestión de sus jugadores y la estructura del conjunto dentro del juego cuantas veces lo considere y sea necesario. Comienza posicionalmente de una forma, varía a otra y es capaz de terminar con una distinta a las anteriores.

Es, en suma, un revolucionario del juego y la táctica. Siempre buscando lo mejor de los suyos y para los suyos.

La gran revolución del Barça de Pep fue con el balón, todo basado en el cuero. La gran revolución de Guardiola en Bayern Munich pasa por lo táctico. Su último invento en este registro en el equipo alemán es el 3-3-4 o 4-3-3 invertido, al que le agrega una gran cantidad y variedad de elemen-

tos y matices funcionales que provocan una enorme riqueza en el juego del equipo.

Vamos por partes. El posicionamiento iniciatico es 1-3-3-4 (1-4-3-3 invertido). Ejemplo real, partido ante Sttutgart por la Bundesliga. Neuer en puerta. Rafinha, Boateng y Alaba atrás, de derecha a izquierda respectivamente. Kimmich, mediocentro. Vidal y Douglas Costa, interiores. Robben y Coman, extremos. Müller y Lewandowski, delanteros por dentro.

En movimiento, interacción y dinámica ese 4-3-3 invertido (3-3-4) se traduce en lo que yo llamo 226 (2 atrás respaldando, 2 abiertos pegados a la raya para dar amplitud y 6 por dentro a diferentes alturas y ejes) o en el 325 (3 atrás, 2 abiertos y 5 por dentro). La cantidad de delanteros que tenga el rival determina si son 2 o 3 los que respaldan atrás; sí el rival tiene un delantero dos respaldarán. Si tiene dos atacantes, tres respaldarán.

Ahora miremos lo más importante, la gran variedad de matices funcionales. Los tres más retrasados no son todos centrales. Uno es central (Boateng, el que va por la mitad) y los dos restantes, Rafinha y Alaba, son laterales naturales. En este caso, laterales cerrados (no por la raya según la costumbre y la regla). Laterales en posiciones

de centrales, sin ser centrales, para tener mucha más salida de balón. Laterales en posiciones de centrales con naturaleza para ir a campo rival con o sin balón, por dentro o por fuera. Eso es atrevido y permite tener más llegadores desde posiciones retrasadas a zonas enemigas.

Sin balón, e incluso con el cuero, el mediocentro Kimmich se sitúa a la altura de los 3 de atrás (se incrusta) para ampliar la línea defensiva. Conducta esta muy del Dream-Team de Johan Cruyff. Por dentro, en el centro del campo, un mediocentro, un interior-llegador (Vidal) y un extremo puro reconvertido en interior (Douglas Costa).

Extremos con perfiles cambiados para cerrar el juego, entrar al área, finalizar, conseguir combinaciones fuera-dentro-dentro-fuera. Robben, zurdo natural, a derecha, y Coman, derecho de origen, en banda izquierda. Y un falso 9, Müller, que entra y sale o va y viene para generar huecos en la línea defensiva rival, dar apoyos a los centrocampistas, provocar superioridades numéricas por dentro, jugar de espaldas. Y un 9 clásico, Lewandowski, que permanece y otorga profundidad y pegada.

Demasiada polivalencia y versatilidad táctica. Tanto movimiento, tanta variante, tanto recurso, termina por confundir al oponente

y multiplicar tus fuerzas y posibilidades. Lo mejor de todo es que tanto movimiento no es producto del capricho ni el exhibicionismo del DT. Cada cambio (posicional, nominal o estructural), cada movimiento, tiene una intencionalidad implícita.

Otro ejemplo del 1-3-3-4 o 1-4-3-3 invertido. Frente a Ausburg también por la Bundesliga 2015/16.

Neuer en portería. Rafinha, Boateng y Alaba atrás. Alonso mediocentro. Vidal y Tiago interiores. Lahm extremo derecho. Douglas Costa extremo izquierdo. Müller falso 9 y Lewandowski 9.

Un matiz: Lahm extremo menos profundo que Robben.

Una variante nominal y posicional en el segundo tiempo. Sale Vidal del campo, entra Coman de extremo derecho y Lahm pasa a jugar de interior.

Y otra variante para terminar de enloquecernos (a los que le vemos y a los rivales) y ser más indescifrable. Lahm y Alaba de laterales, derecho e izquierdo, respectivamente. Rafinha y Boateng de centrales. Alonso de mediocentro. Vidal y Tiago de interiores. Costa de extremo derecho. Y Müller y Lewandowski de falso nueve y nueve, respectivamente. Se preguntarán quién de extremo izquierdo. ¡Alaba! Encargado de hacer toda la raya zurda (marcador lateral y extremo). Conjetura mía, quizás recuesta al equipo por derecha buscando generar superioridad por esa zona.

Pero Pep no se olvida de su amado 1-4-3-3. Lo utiliza y lo revoluciona a la vez. Frente a Olympiakos en Munich por Liga de Campeones coloca a Neuer en portería. Lahm, lateral derecho. Boateng y Badstuber, centrales. Rafinha, lateral izquierdo (no solo le cambia la posición, también el perfil). Vidal, mediocentro. Müller y Costa, interiores-llegadores-finalizadores. Coman y Robben, extremos. Y Lewandowski, centrodelantero (aunque también viene a recibir). Aquí dos jugadores son multiposición y multifunción:

1. Lahm: cuando Müller se mete de nueve, el capitán se cierra y hace las veces de interior derecho.

2. Müller viene y va. Cuando viene juega de interior, cuando va juega de nueve.

Sin embargo, el recital táctico no termina aquí. Todo lo anterior permite que sí en algún momento expulsan a un jugador el equipo no lo sienta y sepa suplir el hombre de menos porque alguno, cuando la circunstancia lo exija, va a ocupar el lugar del faltante y va a ejecutar su tarea. Es decir, tienes 10 porque te expulsaron uno pero parece que fueran 11. Aparte de talento y calidad, solidaridad, ayuda mutua y derroche físico. De hecho, en este partido ante Olympiakos aconteció. Tras la expulsión de Badstuber en el segundo tiempo, Guardiola reestructura así; Neuer en puerta. Lahm y Rafinha, laterales. Benatia y Boateng, centrales. Kimmich, mediocentro. Vidal, interior izquierdo. Coman y Costa, extremos. Y Müller, 9.

Se preguntarán sobre el interior derecho. Pues cuando la situación del juego lo reclamó, con o sin balón, llegaron y jugaron a la posición de interior derecho Lahm, Müller o Coman. Alguno de los tres apareció ahí cuando la jugada pidió la intervención del interior diestro.

Y después un ajuste más. Neuer en portería. Atrás Lahm, Benatia, Boateng y Rafinha. Martinez, mediocentro. Vidal, interior izquierdo. Coman, extremo izquierdo. Kimmich, delantero. Y Müller en dos posiciones y tareas: interior derecho y extremo derecho. Simple cuestión de abrirse y cerrarse según lo pida la circunstancia.

De esta manera todas las posiciones del 1-4-3-3 están cubiertas así tengas 10 juga-

dores por la expulsión de 1. Nunca fue 10 del Munich por 11 del Olympiakos. Siempre fue 11 contra 11.

Cada partido y cada momento del Bayern de Pep es un show de rotaciones, polivalencia individual y versatilidad táctica colectiva. Guardiola tiene el mundo en la cabeza.

Todo lo del Munich atiende a la complejidad de este juego. Juego situacional (la acción está condicionada por la situación) en el cual existen interacciones intencionalizadas y no intencionales. También hay emergencias (cosas que surgen) sin olvidarnos que cada conducta individual y colectiva, sea intencional o no, debe provocar cosas en los míos y en los rivales. En conclusión, cada conducta debe condicionar a los del color mío y a los del otro color.

Afortunadamente, por estas tierras también existen transgresores. Las poco comunes conductas tácticas, el riesgo, el atrevimiento y la revolución de Pep se pueden apreciar en Juan Carlos Osorio. El DT colombiano también ama, convive y echa mano de las rotaciones, la polivalencia individual y la versatilidad táctica colectiva. Se ha atrevido a cerrar a laterales naturales y utilizarlos en posiciones de centrales (Elkin Calle, Steffan Medina, Daniel Bocanegra), a emplear a laterales de interiores o volantes

centrales (Farid Díaz) y a extremos puros de interiores. Aunque la transgresión más grande fue cuando mandó de volante creativo, de volante 10, a Alexis Henríquez, un central tan puro como el italiano Fabio Cannavaro, en plena final de Copa Postobón ante Millonarios, el rival eterno de Nacional en el fútbol colombiano. Esa tarde recuerdo que le sobraba un central (comenzó con tres y el rival apenas puso un delantero) y necesitaba jugadores que en el centro del campo que con pases inteligentes y profundos sacaran a los verdes del Nacional del atasco al que lo había llevado el equipo bogotano. Osorio no lo pensó y cambió la posición de Henríquez, un central de buen pase, visión de juego y salida de balón. Como anécdota, ese día Nacional gritó bicampeón de Copa. Transgresión en estado puro. Y también se ha atrevido a jugar con dos extremos y dos delanteros por dentro en un 4-2-4 (México vs El Salvador en el estadio Azteca en su debut). Es más, en sus dos primeros juegos al frente de la selección mexicana (El Salvador y Honduras) utilizó cuatro estructuras distintas (1-4-2-4, 1-4-3-3, 1-3-4-3 y 1-5-4-1) y cambio el 50% de la formación de un juego al otro. Incluso, es tan obsesivo Osorio con estas cosas que en San Pablo, por ejemplo, se atrevió a rotar la capitanía:

la cinta se la pusieron Ceni (eterno capitán), Pato, Bastos, Mendes, Ganso y Luis Fabiano. Rotación, versatilidad táctica colectiva y polivalencia individual en estado puro. ¡Qué maravilla!

Durante la estadía de Juan Carlos Osorio en San Pablo el columnista Alvaro Oliveira Filho en el diario deportivo brasileño Lance escribió el siguiente artículo.

## El factor Osorio

Amigos, estoy convencido que el mayor problema del futbol brasileño responde por el nombre de Juan Calos Osorio. Infelizmente, solo tenemos uno.

Y aun así, el club que lo contrató viene haciendo un enorme esfuerzo para perderlo. Claro, vivimos en una sociedad en la que el diferente incomoda. Osorio es un técnico muy adelantado. Tal vez por eso, venga siendo mirado con tanta desconfianza.

Veo que mucha gente prefiere nuestros "profesores" burócratas, que cierran entrenamientos y no presentan nada nuevo en sus juegos. Que cambian atacante por atacante, defensor por defensor, volante por volante, creyendo que están haciendo cambios inteligentes, cuando, en la realidad, cambian por cambiar. Que escogen los esquemas pensando apenas en el empleo. Que son incapaces de buscar una solución diferente prefiriendo disculpas sumadas, como errores arbitrales, exceso de juegos, adversario que no quiere jugar, hasta el balón, que muchas veces, según ellos, no quiere entrar. Delante de todo eso Osorio llega al futbol brasileño como un bálsamo.

Va a errar y acertar, ganar y perder, como todos los otros. Tal vez falle más que los demás, pues arriesga más. Por otro lado trae con él una frescura que puede hacer muy bien al fútbol brasileño.

Mientras continuamos discutiendo si el 4-5-1 es más eficiente que el 4-4-2, aceptando que los equipos se comporten como en un juego de futbolín, el colombiano llega y resuelve derrumbar todo. Transforma al lateral en volante en un juego, en atacante en el juego siguiente y baraja todo de una hora para otra.

Vamos a necesitar de humildad para admitir que estamos muy atrasados para entender y aceptar sus métodos; él mismo necesitará de un periodo de adaptación, hasta mostrarnos lo tanto que estamos estancados en el tiempo. Aún creemos que somos el país del fútbol, así nuestra última participación digna en una Copa del Mundo haya sido hace 13 años.

Osorio incomoda por mostrar todo eso sin recurrir a los espectáculos circenses e inútiles que nos acostumbranos a ver en la zona técnica. Sin necesitar de frases hechas y respuestas agresivas en las ruedas de prensa.

El fútbol brasileño necesita de más Osorios y de menos "profesores".

## Osorio me enriqueció como futbolista

**Por Rogerio Ceni***

Primero, fueron fantásticos para mí vida los cuatro meses de trabajo con Juan Carlos Osorio.

Fue un placer muy grande trabajar con él en San Pablo. Fue un periodo de mucho aprendizaje. Reforcé un concepto en el que siempre creí: un equipo de fútbol debe jugar para ganar, buscando su mejor rendimiento y el gol.

Creo que el desenvolvimiento del trabajo diario en el campo, en el día a día, en el entrenamiento, es el aspecto más fuerte de Osorio. De igual manera el funcionamiento del equipo, la noción de juego que le otorga al conjunto, el modo y la postura que él quiere que su equipo tenga en el campo es, quizás, donde Juan Carlos le marca diferencia a otros entrenadores.

Fue muy especial al final de mi carrera poder trabajar con un tipo que gusta ver al equipo atacando, buscando el gol y pensando todo el tiempo en la portería adversaria. La experiencia diaria, las vivencias en el entrenamiento con Osorio es lo que

guardo y atesoro en mi vida pensando en sí llego a ser entrenador en un futuro.

Creo, sin duda alguna, que la selección de México hizo una gran contratación al llevar a Juan Carlos Osorio. El fútbol mexicano, por sí solo, tiene una tradición de buen toque de balón y calidad técnica muy semejante a la del fútbol brasileño. De hecho en la Copa Libertadores siempre vemos a los conjuntos mexicanos haciendo grandes partidos ante los equipos de Brasil. Sumadas todas estas cosas creo que Osorio hará crecer a la selección mexicana. Eso seguro.

Lo que vi durante los cuatro meses en los que compartí con Juan Carlos Osorio solamente lo había visto en los entrenadores de los grandes clubes europeos. Es decir, un entrenador diferente en el día a día, cordial, de mucho diálogo con el jugador, con ideas propias y poco tradicionales. Osorio es un tipo no tradicionalista, busca el cambio permanente y la perfección. Otro de los grandes diferenciales de Osorio está en la rotación y en la importancia que le da a todos los integrantes del plantel. De corazón lo digo la experiencia al lado de Osorio me enriqueció de manera sui generis como jugador de fútbol.

Finalmente, y esto lo digo sin duda alguna, si tuviera la oportunidad de acompañar

el trabajo de Osorio por más tiempo, poder ver la manera de como trabaja en un equipo o una selección e intercambiar conceptos, sería de gran aprendizaje para mí. Si un día decido ser entrenador con certeza la manera como Osorio entrena y conduce un equipo será una influencia para mí. Espero observar con más detalle algún día la forma de trabajar de Juan Carlos dentro y fuera del campo.

*Escrito en exclusiva para *La Libreta de Osorio*

## Osorio está en la lista de los mejores

**Por Alexandre Pato***

Tuve la oportunidad de trabajar con varios técnicos durante mi carrera y Juan Carlos Osorio está en la lista de los mejores. Juan Carlos tiene la virtud de liderar la plantilla escuchando a los jugadores. Tiene una gran sensibilidad en el trato con los futbolistas, sabe crear un clima de cooperación y armonía y tiene la virtud para dar a cada futbolista lo mejor. Su visión del juego y su experiencia le permite, como pocos, poner al jugador en la posición en la que mejor se puede desempeñar para contribuirle al equipo. En eso Juan Carlos *acerta em cheio* (da en el clavo).

Eso para mi fue esencial. Con Osorio logré reencontrar, después de mucho tiempo, mi mejor juego en Brasil. Fue con Juan Carlos que me convertí en goleador de San Pablo en 2015. Y fue con el *mister* que conseguí definirme mejor en el esquema táctico del tricolor paulista, partiendo de la posición de extremo izquierdo, con más libertad, ganando en velocidad hasta finalizar.

Sin duda que encontré mi mejor momento en San Pablo bajo la conducción de

Osorio. Logré, además, batir todos mis registros y tuve la mejor campaña de toda mi carrera, tanto en números como en media de goles. Cuando Juan Carlos salió de la institución tuve gran tristeza e incluso llegué a decir que sin Osorio el club perdería demasiado.

Juan intentó introducir otro tipo de fútbol en Brasil, otro pensamiento táctico. Ese aspecto le permitió poner a San Pablo en un buen camino que lamentablemente fue interrumpido cuando él dejó el club. Con la salida de Osorio Brasil perdió un importante técnico con métodos diferentes.

No puedo dejar de hablar de la forma de como Juan Carlos buscó introducir métodos nuevos en el fútbol brasileño. Es, en definitiva, un técnico actualizado, con una visión moderna del fútbol. Tiene mucha inteligencia en el montaje del equipo y en los esquemas tácticos.

Finalmente, la convivencia con Juan Carlos es muy buena. El Profe sabe apretar y soltar en el momento oportuno y cuando corresponde. Una de sus cualidades es crear un entorno armonioso en el plantel y un gran espíritu de solidaridad entre los jugadores. Proporciona mucho en el día a día y, repito, sabe escuchar. Llama a los jugadores para conversar, escucha las demandas de cada uno y sabe filtrar lo que es bueno y ayuda.

No me puedo despedir diciendo que me gustaría mucho volver a trabajar con Juan Carlos Osorio. Espero tener esa suerte nuevamente.

*Escrito exclusivo para *La Libreta de Osorio*

# CAPÍTULO VI

## EL FRACASO

*"Todo tiene su momento oportuno; hay un tiempo para todo lo que se hace bajo el cielo:*

**2** *un tiempo para nacer,*
*y un tiempo para morir;*
*un tiempo para plantar,*
*y un tiempo para cosechar;*
**3** *un tiempo para matar,*
*y un tiempo para sanar;*
*un tiempo para destruir,*
*y un tiempo para construir;*
**4** *un tiempo para llorar,*
*y un tiempo para reír;*
*un tiempo para estar de luto,*
*y un tiempo para saltar de gusto;*
**5** *un tiempo para esparcir piedras,*
*y un tiempo para recogerlas;*

*un tiempo para abrazarse,*
*y un tiempo para despedirse;*
**6** *un tiempo para intentar,*
*y un tiempo para desistir;*
*un tiempo para guardar,*
*y un tiempo para desechar;*
**7** *un tiempo para rasgar,*
*y un tiempo para coser;*
*un tiempo para callar,*
*y un tiempo para hablar;*
**8** *un tiempo para amar,*
*y un tiempo para odiar;*
*un tiempo para la guerra,*
*y un tiempo para la paz."*

***Biblia Nueva Versión***
***Eclesiastés 3:1-8***

A lo largo de estas páginas hemos hablado sobre el triunfo. Pero también es oportuno dedicar tiempo y espacio al fracaso. Los seres humanos nos movemos entre los dos, el éxito y la derrota.

El 7-0 en contra frente a Chile el 18 de junio de 2016 en California en la Copa América Centenario supuso un traspié inolvidable para el fútbol mexicano, Juan Carlos Osorio, sus ayudantes y seguidores.

Aquel sábado en la tarde a Osorio le llegó el tiempo de llorar, de perder feo, de sentir pena y vergüenza, de agachar la ca-

beza, de estar golpeado, humillado y burlado por muchos. Pero seguro también fue un tiempo para hacer un acto de contrición.

No hay que tener miedo al fracaso ni a la derrota. Es necesario perder. Todos lo necesitamos. Lo entiendo, lo creo firmemente y lo comparto. Perder es saludable.

No hago drama en la derrota. Vale la pena desdramatizarla. Incluso, en la derrota es cuando más me gusta escribir y consignar. Siento que una derrota puede llegar a ser más inspiradora y rica en contenido que varias victorias. En definitiva, más enriquecedora.

A la derrota también hay que hacerle apología. Por lo menos yo. El fracaso nos da vida y nos hace sentir vivos.

Después de la extensa exposición demagógica, los invito a hacer un recorrido por cada uno de los juegos de la selección mexicana durante la Copa América Centenario. Uruguay, Jamaica y Venezuela estuvieron antes del descalabro frente a Chile.

Al finalizar el análisis de cada partido, Juan Carlos Osorio y Jorge Andrés Bermúdez se vuelven a sentar a la mesa para hablar del doloroso tiempo vivido ante Chile después del penoso 7-0.

# Primer acto. México 3 - Uruguay 1

Artículo escrito por Jorge Andrés Bermúdez en el sitio web *www.espn.com.mx* el 8 de junio de 2016.

## "México enamora a América"

Cruyff sonríe desde la tumba, Guardiola hace un guiño desde Manchester y Van Gaal brinda desde Ámsterdam. El juego que ellos y los suyos le han enseñado al mundo aún vive. No ha muerto. Los mexicanos lo sienten y lo reproducen.

México mató a Uruguay, que nunca muere... Qué bestias para competir los uruguayos, los mejores del mundo. 'Recuperaron' para el segundo tiempo al jugador expulsado corriendo. Tenían 10 hombres, el undécimo fue la competitividad. Mis respetos y admiración.

El debut de México en la Copa América Centenario satisfizo a los amantes del juego posicional, la circulación y el ritmo de balón, la alta precisión en velocidad, el juego de banda y de extremos, y la salida de balón.

En los dos últimos apartados me quiero detener: inicio-salida de balón y juego de extremos.

Para el contracultural México los más valiosos son los que menos valen. Es decir, para muchos los defensas (en dinero e incluso en cuestiones relacionadas con el juego) tienen menos valor que los atacantes. Sin embargo, para el juego de México los defensas son los de mayor valor. ¿Por qué? Araujo, Márquez, Moreno y Reyes (también el portero Talavera): los más retrasados son protagonistas, no por sus defensas magistrales sino por su gran orientación del juego con balón, por la organización del ataque y por su creatividad y visión.

Son los mejores del equipo y eso que los demás son pasados de calidad. A partir de los de atrás México fundamenta las acciones ofensivas. Elección, decisión, ubicación, anticipación, pase (corto o largo cruzado) y control son medios y elementos que hacen parte de la naturaleza de los que juegan más lejos de la portería rival en México. Y desde lo estructural Reyes se incrusta, Araujo y Moreno se abren, se pegan a la raya y se van, salen como un par de laterales más. Y dizque son centrales.

Pero también los extremos, los de banda, son esenciales. Aquino y Corona, wines

puros hasta en su estatura, llenan los requisitos de los mejores y más codiciados extremos de todos los tiempos.

Gracias a estos dos principios México entiende que los más alejados a la portería rival en vertical (defensores) y horizontal (extremos) son preponderantes y tienen un papel protagónico. Qué ironía, muchos piensan diferente. Respetable. Gracias a los de atrás el rival se alarga en vertical y por los de afuera el oponente se estira en horizontal. En otras palabras, se desajusta. Y ahí es cuando aparecen los espacios por dentro, por donde está la portería. E imagínense llegar al objetivo, a la portería rival con espacios, en otras palabras: con ventaja.

Pero no todo es maravilla. Ante la raza uruguaya Osorio se demoró en meter un volante de contención para poner más músculo en la mitad cuando el juego entró en el plano atlético y físico. Y también fue lento a la hora de sacar a Hernández. Chicharito no pudo ganar los duelos con los centrales uruguayos. Jiménez o Peralta debieron entrar antes. Y una más, Osorio no cuidó a Guardado. Venia amonestado y en cualquier momento, en un juego físico y atlético, veía la segunda tarjeta amarilla. Errores, también.

Una reflexión final, tan simple como esta: los jugadores mexicanos se encontraron con un entrenador que siente lo que ellos son y el entrenador se ve reflejado en ellos y siente lo mismo que ellos son.

## México, autocrítica, análisis y evolución

Artículo escrito por Jorge Andrés Bermúdez en el sitio web *www.winsports.co* el 7 de junio de 2016.

Dice Leontxo Garcia, una eminencia en el mundo del ajedrez, que "los errores no siempre son castigados pero desde luego es mejor no cometerlos". México frente a Uruguay cometió errores, algunos no castigados, otros sí como por ejemplo en el gol de Diego Godín.

## Segundo tiempo

En el segundo tiempo México no cuidó el balón. No guardó el cuero. Lo 'desprotegió' mucho. Arriesgaron pases innecesarios, tuvieron retenciones también innecesarias y faltaron protecciones de balón (del punta, entre otros).

La circulación era un medio táctico importantísimo en la segunda mitad para haber aprovechado la superioridad numérica, el 11 contra 10.

Uruguay, es cierto, presionó con más rigor. Hizo un elevado esfuerzo que quizá, al final, terminó pagando.

Pero entonces, sí el rival decide presionar con más fuerza sobre el portador e incomodar se deberían dar una mayor cantidad de pases de seguridad y no de riesgo. En otras palabras, cuidar más el balón. Entre más pases de riesgo menos de seguridad. La consecuencia: muchos balones divididos y perdidos.

Ahora, en un campo tan inmenso el rival con uno menos no debería ponerte contra las cuerdas. Ahí la culpa es tuya, el defecto es tuyo. Y debes tener capacidad de análisis y autocrítica para evolucionar.

Los elementos los tienes: campo grande, uno más, buena técnica, buena posición. No te compliques, cuida el balón, muévelo y genera circulación.

Lo anterior no tiene ninguna relación con dejar de atacar o dedicarse a defender. Recuerden que el pase, aunque suene romántico, también defiende y defiende bien.

No es que esté siendo un soñador. Pero frente a Uruguay las condiciones y la situa-

ción estaban dadas para que aconteciera lo descrito. Habrá juegos en los que sí toque poner el candado, a todos atrás, echarte la bendición y rezar. Habrá juegos en los que todos tengan que sufrir. Pero en el de Uruguay no.

Quizá pida mucho, aunque no lo creo. México tiene lo solicitado. De hecho lo hizo. Revisen de nuevo la secuencia del minuto 64 del tiempo corrido y se darán cuenta como conservó la bola, como circuló. Fíjense todo lo bueno que hicieron por guardar y cuidar el balón. Ellos mismos se demostraron y nos demostraron que tienen la repuesta-solución.

Lo que si es cierto es que este México se ordena a través del balón.

## Jugada de gol de Uruguay

Araujo parece que ya no la quiere tener o recibir. No se abre para que Talavera se la pase y le dice al portero, en la reanudación de falta, que juegue con Márquez que está por la mitad. Talavera le señala a Araujo que se abra y este no se abre. La salida de seguridad pudo ser por derecha a través del número 3. Talavera entonces decide jugar

por el centro con Márquez y el 4, también por la mitad, con Reyes.

Inicialmente, pensé que el fallo en el pase de Reyes a Herrera había sido porque el número 5 estaba apurado por un triángulo de jugadores uruguayos. Pero no. Viendo la acción en fotogramas me di cuenta que Reyes comete el error de no darle el balón a Guardado y busca conexión con Herrera. Guardado era el libre, a una altura superior y con línea de pase. Herrera estaba con marcación estrecha.

En esa acción la salida a través de Márquez no es del todo una mala posibilidad. La salida a través de Márquez es buena. La elección de Reyes es la incorrecta. Comprometió con ese mal pase, con esa mala observación-elección-decisión-ejecución, a todos. Y Diego Reyes no tenía mal perfil (el cuerpo no estaba del todo mal colocado). Le faltó visión en esa jugada. Repito que Guardado estaba solo. Era pelota para Andrés y seguro aproximación o gol de México. Terminó siendo roja para Guardado y falta, que después trae como consecuencia el empate charrúa.

En fin, Reyes y Araujo, el uno elige y decide mal. El otro parece no querer comprometerse más. En ambos, pudo ser cansancio.

Sin embargo, esto me lleva a reflexionar en lo siguiente, Reyes necesita más trabajo de mediocentro. Anticipar; antes de que me llegue el balón, ya haber observado el panorama y saber quién es el mejor ubicado para darle el siguiente pase.

## Segundo acto. México 2 - Jamaica 0

### "México, entre ángeles y demonios"

Artículo escrito por Jorge Andrés Bermúdez en el sitio web *www.winsports.co* el 10 de junio de 2016.

Ángeles...

La construcción del juego a partir de los más retrasados es deliciosa. Para observar y disfrutar. El 1-3-3-1-3 muta acompasadamente y con naturalidad al 1-4-3(2-1)-3.

El mediocentro se incrusta, ampliando y ensanchando la línea de atrás. Los centrales se abren, se reconvierten posicionalmente en laterales y se colocan oliendo la línea de banda. El objetivo es amarrar a los volantes exteriores del rival.

Los extremos mexicanos fijan a los laterales, los centrales (el mediocentro incrustado y el otro) atraen a los dos delanteros enemigos, el punta clava a los defensores centrales adversarios y por dentro los dos interiores y el media-punta hacen superioridad numérica al doble volante central del rival.

Este emplazamiento trae como resultado:

1. Superioridad 3 contra 2 por dentro que permite juego interior con ventaja y desajustes. Naturalmente es necesario tener calidad en el control y precisión en el pase, algo que en ocasiones le falta a México. Saben conquistar el espacio central pero no siempre lo aprovechan por precipitud y fallos técnicos (control orientado, pase, combinaciones).

2. Atraer al bloque rival a un determinado espacio. En el momento de basculación (es decir, cuando los jugadores enemigos se desplazan a la zona donde los mexicanos están trabajando el balón) el cambio de orientación permite buscar y encontrar al jugador alejado y libre, generalmente el extremo, y atacar la zona débil y desprotegida del equipo oponen-

te. Ante Jamaica Raúl Jiménez sacó provecho de su libertad por derecha y las pelotas cruzadas que provenían desde el sector izquierdo.

En la transición ataque-defensa México tiene defectos. No termina jugadas, son anticipados los receptores, hay pases que quedan a medio camino, pierde balones estúpidamente (sin acoso la entregan a un jugador del otro color), pierde balones a borde de área rival por precipitud (es necesario darse un tiempo, tomarse una pausa. No todo puede ser vértigo). En definitiva, México no cuida el balón, no lo protege y lo pierde repetidamente en tercio medio y tercio ofensivo.

En dos principios necesita trabajar el equipo mexicano: recuperación inmediata a la pérdida y repliegue.

Mayor seguridad en el pase, protección del balón, conservación, sumar buena cantidad de pases para juntarse y quedar cerca, reacción inmediata a la pérdida: son todos retos que tiene el equipo mexicano para crecer y evolucionar en su jugar.

# Tercer acto. México 1 - Venezuela 1

## "Buscando las mejores relaciones. Fidelidad"

Artículo escrito por Jorge Andrés Bermúdez en el sitio web *www.espn.com.mx* el 15 de junio de 2016.

Parece que estuviera hablando en términos de pareja en cuanto a relaciones y fidelidad. ¿Será el amor? Mejor hablemos de juego de fútbol.

La clave, el jugo de este deporte, está en identificar qué sabe y puede hacer mejor cada uno (aspecto individual), dónde y con quién o quiénes (aspecto colectivo) y lo que emerge o surge de las relaciones, mezclas e interacciones de dos o más (también aspecto colectivo). Y lo anterior en función del rival (estrategia y plan). Con respecto a las relaciones e interacciones lo ideal es que lleven mucho tiempo, que se conozcan (fútbol hábito). Es importante tener cadenas de juego en sectores determinados y determinantes: atrás, por banda, en punta. Obviamente que lo anterior sin talento sirve de poco. Ahora, la competencia del entre-

nador-seleccionador está en "descubrir" dónde (lugar del campo), haciendo qué y junto a quienes un futbolista da su máximo rendimiento.

¿Qué hay que hacer en determinados espacios y zonas? ¿Quién lo sabe hacer mejor? ¿Quién es el más capacitado? ¿Quiénes deben estar próximos, intermedios y lejanos? Y ¿qué deben hacer en determinados sectores con y sin balón los integrantes del once? Son preguntas siempre útiles y elementales para cualquier técnico.

Osorio no traiciona sus principios. En la Copa América Centenario ha sido fiel a la rotación como principio de vida y a la versatilidad táctica colectiva.

En la competición continental han visto acción todos los jugadores que seleccionó Osorio. Es decir, a todos ha comprometido. A todos les ha dado la responsabilidad de jugar y aportar. Y todos han recibido la confianza. Rotación en estado puro. Todos, en mayor o menor medida, han participado del proyecto, lo que quiere decir que no ha llevado jugadores a los Estados Unidos para rellenar la planilla y hacer bulto.

Con relación a la versatilidad táctica, durante la primera fase de la Copa América México ha mostrado varias estructuras. Dependiendo de las necesidades y obliga-

ciones propias y las características del contendor el Tri ha utilizado 1-3-3-1-3, 1-4-3(2-1)-3, 1-4-3(1-2)-3, 1-5-3-2. Flexibilidad posicional total. Eso sí, los principios, aplicados o no, han sido los mismos.

Ahora, en la última confrontación ante Venezuela, gracias a las nueve variantes nominales que implementó el entrenador se pudieron observar determinadas relaciones, interacciones y complementos que dieron fruto y pueden dar buena renta en algunos contextos y en ciertas circunstancias (ojo, no siempre en algunos juegos sí, en otros no).

La interacción por izquierda entre el lateral, el interior y el extremo. Con nombres propios: Layún, Guardado y Corona. Diferentes alturas y ejes, por dentro y por fuera, balón pegado a la raya o más interior. Cadena de juego con desequilibrio cuando se comunican a través del pase, ejecutan movimientos favorables para el otro, se dan apoyos y deciden resolver.

La colocación, a una altura superior del mediocentro Molina, de Herrera y Guardado les da buenas posibilidades a los dos últimos de jugar más cómodos, con más soltura. Herrera de media punta, es cierto, se convierte en un llegador peligroso y desequilibrante. De interior, como jugó ante Venezuela, se siente más natural. Es cues-

ción de metros, de la altura en el campo de juego que le permite recibir de determinada manera el balón y también de la relación con los que están a derecha, izquierda, delante y atrás.

Y finalmente, Oribe Peralta de nueve fue un buen cómplice de los centrales. En los accesos por dentro, a tercio ofensivo, el "Cepillo" fue clave en el momento de recibir los pases interiores de los retrasados y exteriores. Solución como base de espaldas, viniendo, controlando, jugando de muro (recibo y entrego), sosteniendo, buscando la falta y/o extendiendo para los de afuera. Peralta dio réditos en ese aspecto en el que México había tenido dificultades en los juegos precedentes.

Primera ronda con muchos movimientos nominales, posicionales y estructurales que seguro le han permitido a México sacar muchas conclusiones, positivas y negativas, y fundamentalmente ampliar su menú técnico-táctico y su memoria de juego a nivel individual y colectivo. Qué saludable es tener alternativas.

# Cuarto acto. México 0 - Chile 7

## "7-0: crónica de una muerte anunciada"

Artículo escrito por Jorge Andrés Bermúdez en el sitio web *www.espn.com.mx* el 23 de junio de 2016.

Dos antecedentes. El primero, en la eliminatoria para Rusia 2018, México venció 3-0 a Canadá de visitante. Recuerdo que aquella noche el Tri pudo convertir 4 o 5 goles, pero también se pudo comer 4. Canadá, sin mucha calidad en la pegada, lo dejó vivo.

El segundo, Copa América Centenario. México venció 2-0 a Jamaica. Ese día el rival le pudo convertir 4 goles. Jamaica de nuevo lo dejó vivo debido a su escasa calidad en la finalización.

México estaba advertido. Tarde o temprano iba a terminar pagando tantas concesiones al rival. Hasta antes de Chile los oponentes le habían perdonado. Un adversario de élite, categoría y con jugadores de altísima calidad como Vidal, Sánchez, Vargas, Díaz y compañía, seguro no le iba a perdonar tantos errores sin balón y en el momento de la pérdida.

No se sí el cuerpo técnico y el plantel se tomaron un tiempo para reflexionar sobre los errores del pasado reciente. Si le dieron importancia a las advertencias de Canadá y Jamaica o las omitieron y se dejaron obnubilar por la gran cantidad de cosas buenas que venía exhibiendo México en la construcción del juego (ante Paraguay, Uruguay y Venezuela fue delicioso el ataque organizado del Tri).

En definitiva, lo que quiero decir es que las concesiones de México a sus rivales no fueron solo ante Chile. Venían de atrás. Lo que pasa es que Chile supo capitalizar. Tampoco para un 0-7, resultado *sui-generis*, pero sí para sentar cabeza y poner los pies en la tierra.

A continuación voy a compartir algunos apuntes que fui escribiendo mientras el juego se desarrollaba y que pueden dar luces sobre la negra tarde mexicana en California. Algunos tips pueden ser redundantes pero vale la pena señalarlos al ser algo que se repitió durante los 90 minutos.

1. México de nuevo precipitado, pelota larga, rechazó. Nada de controlar, levantar la cabeza y jugar sencillo. Es dar el pase seguro, al libre, para organizarte y progresar juntos. Quiere llegar muy rápido al arco rival, ace-

lerado. Sin pausa, sin un respiro. Sin darse un tiempo.

2. Chile es repetición de pases entre cercanos, control, juego en horizontal, pases seguros, se juntan y progresan.
3. Chile se organiza con el balón. Lo toma, lo toca y se ordena espacialmente. México se desordena con el balón. La toma, lanza largo, en vertical, divide y rápido lo pierde.
4. Chile la protege, la cuida, la guarda. La trabaja. Posición y posesión. Mexico se deshace de ella. Parece que le incomoda la pelota. No la cuida, no la trabaja.
5. Chile recupera, controla el balón y lo pasa al seguro. Y después se va organizando a través del pase. Se va acomodando mejor. México roba y rechaza y de nuevo la pelota para el rival. No alcanza a organizarse. No lo pude hacer.
6. Los chilenos roban el balón, controlan, se giran y entregan a los apoyos de atrás para organizarse. Eso da seguridad. Te hace sentir que estas bien en el partido, conectado.
7. Los mexicanos cortan y rechazan o juegan en vertical, hacia delante. Eso

te hace entrar en un estado de vértigo y locura. Nunca hubo tranquilidad para dar un pase más. O dos más. E incluso tres. Jugar sin afán.

8. México no se toma un tiempo. No se da un tiempo. Chile sí.
9. A México el escenario y el entorno lo devoró. La presión, la responsabilidad de jugar ante 80 000 mexicanos y con obligación se los comió.
10. Faltó en México apoyos y ayudas defensivas, doblajes. Error salir a presionar tan arriba a un rival como Chile que mueve muy bien el balón. Pecó por exceso de hambre.
11. Falta más rigor en la marca. Contrastar, entrar, doblar. Más marcaciones estrechas al par y al impar cercano para intervenir. Eso le falta a este equipo mexicano. Es muy ligth en la marca. Necesita ser más agresivo. Extraño eso porque los mexicanos siempre han sido competitivos.
12. México requiere un jugador que de pausa. Que tenga eso incorporado. Y que mande en eso. Que les diga a los demás; paremos, pensemos, aseguremos, dejemos el afán y el vértigo. Podría ser Márquez.

13. Agresividad y decisión para robar el balón, otra diferencia entre Chile y México. Chile agresivo. México pasivo.

Posdata: tremenda lección, y me incluyo. Hay tiempo para llorar y reír. Hoy México llora. Los jugadores y Osorio, ratificado en el cargo porque no todo lo que pasó en la Copa América fue desastre (hubo cosas muy buenas), tendrán que devolverle la sonrisa a los aficionados mexicanos. Es su compromiso.

# REFLEXIONES DE UN 0-7

## de Juan Carlos Osorio

El 0-7 de la Copa América Centenario fue el momento más difícil de mi carrera como entrenador. Nunca antes había sufrido una derrota por más de cuatro goles de diferencia. Fue un golpe certero, sobre todo por la racha que tenía hasta ese momento la selección mexicana. Fue una derrota muy fuerte.

Pero desde el primer momento entendí que era una oportunidad ideal para aprender. Diseñé un plan personal para reproducirla, entenderla, asumirla y digerirla.

Pasado el tiempo considero que ha sido una valiosa experiencia. Hemos sacado muchas conclusiones. Hemos comparado esa derrota con otros resultados similares.

Comparamos ese 0-7 en contra con el juego del Mundial Brasil 2014 entre los lo-

cales y Alemania, con goleadas en grandes juegos del fútbol internacional (clásicos Real Madrid-Barcelona), y hemos llegado a conclusiones contundentes y de gran valía para competir mejor en el futuro. Ante una situación parecida para tener un plan de contingencia.

Durante este tiempo nos hemos aferrado a la gran reflexión de Jorge Luis Borges: "la derrota tiene la dignidad que la ruidosa victoria no tiene, no conoce y no merece".

Después de haber guardado el duelo correspondiente y habernos apoyado en diferentes profesionales que sufrieron situaciones parecidas podemos reiterar que fue una valiosa experiencia de la cual ya nos hemos empezado a beneficiar.

La llegada al hotel de esa terrible noche fue tremenda. Encontrarme con mi esposa y mis hijos, fundamentalmente el menor, fue muy duro. El dolor era profundo. Lloré en ese momento y en el proceso de recrear, entender y asumir ese golpe profesional. Lloré en silencio.

Por decisión personal estuve solo y apartado durante la primera parte del proceso que me permitió entender y superar este acontecimiento. Vi muchos partidos de fútbol, examiné y comparé lo sucedido en

Estados Unidos con grandes goleadas mundiales como las ya mencionadas.

Después de seis semanas empecé a salir a la calle y tenía claro que fue un accidente del fútbol. Entendí que pasamos de estar en desventaja a desplomarnos y hundirnos en lo anímico entre el tercer y el cuarto gol, respectivamente. Comprendí que hasta la desventaja los jugadores habían dado todo, razón por la cual no había porqué avergonzarnos.

Entonces, era el momento de enfrentar a todos y después de seis semanas ya habíamos digerido y entendido la derrota. En la vida y en el fútbol no se trata de no caer. No. Se trata de caer y levantarse lo más pronto y fuerte posible.

El recuerdo de la gente es inevitable. Lo entiendo. Pero cuando volví a salir a la calle y enfrenté al mundo, y sobre todo cuando la selección volvió a su nivel, a jugar y ganar, sentí que la gente en su gran mayoría comprendió que todo fue un accidente.

## *El juego...*

Sobre el juego me quedaron muchas enseñanzas. Especialmente una que quiero compartir con los lectores de esta obra. A

los partidos hay que ir con plan A, plan B y plan de contingencia.

Siempre dentro de nuestra planificación nos hemos identificado por conocer bien al rival. Saber sus fortalezas y debilidades para elegir nuestros hombres más aptos para la batalla. La selección del grupo es el plan A.

Pero cuando acontecen cosas en el juego, por ejemplo que no podamos imponer condiciones, echas mano del plan B que tiene de igual manera ejecutantes dentro del campo de juego para traer soluciones. En cualquier momento dentro del juego se necesita del plan B.

Eso lo hicimos ante Chile.

Para hablar en términos prácticos, es importante definir la cantidad de jugadores con los que vamos a atacar cuando arranca el partido y el resultado está 0-0, cuando está 0-1, 1-0, 0-2, 2-1.

Pero lo que nos quedó como gran lección fue que a partir del 0-3 lo más importante ya no es la idea propia de juego. A partir del 0-3 lo realmente importante es evitar el cuarto gol porque de llegar se creará un caos y una confusión total. De ahí en adelante será imposible frenar la debacle. Y eso fue lo que nos pasó en aquel partido.

A partir del 0-4 la pretensión de conjugar en el grupo o colectivo una misma idea de juego o un mismo sentir futbolístico en un momento determinado (que todos o la gran mayoría piensen y sientan el juego de la misma manera o muy parecida), como dice acertadamente José Mourinho, será más que imposible porque cada uno estará pensando y sintiendo el juego de modo muy distinto.

El delantero, en ese instante, estará pensando en tirar para adelante y hacer una jugada individual para convertir un gol y salvarse, los defensas quizás estarán pensando en tirar para atrás para proteger la portería y evitar más goles, el portero estará pidiendo auxilio para que todos defiendan y se eviten más goles en contra y los jugadores mixtos o intermedios seguramente no sabrán para donde ir (si ir para adelante o para atrás).

Entonces, con la idea de evitar ese caos y confusión en medio de la derrota ahora tenemos escrito no solo el plan A y el B, sino también el de C, el de contingencia.

De nuevo en términos prácticos hasta el 0-2 el equipo sigue atacando y buscando acercarse. Cuando llega el tercer gol en contra los esfuerzos y las decisiones del entrenador, y naturalmente de los jugadores, deben estar encaminados a evitar el cuarto gol. Tras recibir el tercer gol, repito, la idea de juego y el estilo de juego ya no son im-

portantes. Lo realmente importante en ese momento del partido es evitar el cuarto gol porque si llega de ahí en adelante la catástrofe es insalvable, es un punto que no tiene retorno. Por más que uno como entrenador grite, salte y gesticule: los jugadores ya no ponen atención.

La gente cree que cuando un equipo sufre una goleada escandalosa (caso de Brasil y México en el Mundial de 2014 y la Copa América de 2016, respectivamente) es porque los jugadores se pararon y no quisieron jugar. Eso no es cierto. La petrificación, la perplejidad, la confusión enorme y el estado emocional caótico y por el suelo es lo que termina generando esa parálisis que vemos en el campo de juego.

De hecho ante Chile intenté evitar la debacle después del 0-4 metiendo a Diego Reyes, un defensivo, en la mitad de la cancha y fue imposible. A esa altura del partido el equipo ya estaba embalado, el edificio ya se había venido abajo.

El 0-3 es el punto de giro de la historia entre una derrota dolorosa y una catástrofe futbolística. Es el momento de cerrar el partido, de defender con todos y como sea, de impedir por todos los medios que el rival marque el cuarto gol.

Creo que ahí estuvo mi mayor aprendizaje. Si el partido termina 0-3: es triste. Pero sí finaliza 0-7 es vergonzoso y humillante para todos.

## *Cinco días con Bielsa...*

Tengo una gran admiración por Marcelo Bielsa. Como entrenador lo considero uno de los tres mejores del mundo. Tras la dolorosa derrota en Estados Unidos lo busqué y tuve el honor de que él me haya aceptado. Fueron cinco días maravillosos. Le agradezco a Marcelo por todo lo que compartió conmigo desde lo futbolístico y humano. Sin contar el extraordinario apoyo moral que me brindó.

Básicamente tocamos tres temas. La forma como él (Bielsa) transformó y cambió, a través del entrenamiento, la mentalidad del futbolista chileno; la siembra, la construcción y la cosecha en un equipo de fútbol; y cómo superar o llegar a término con una derrota tan dolorosa como la que sufrimos en la Copa América Centenario.

Con respecto al primer tema me quedó clara la diferencia entre crear hábitos a través del entrenamiento y generar comportamientos gracias al mismo.

Entendemos que el factor principal para la maduración y consolidación de jugadores de fútbol es la competencia. Pero también entendemos que el otro factor importante es el entrenamiento.

En este orden de ideas, corroboré que a través de la pedagogía y la didáctica entrenar situaciones concretas y específicas del juego a través de escenarios reales es fructífero para el futbolista y el equipo.

Productivo es que el jugador almacene toda esa información en la memoria operativa para que cuando el juego requiera una respuesta: él (futbolista) tenga las herramientas suficientes para solucionar de la mejor manera la situación específica del juego.

Me convencí plenamente que esta metodología de entrenar, preparar y trabajar a través de situaciones reales de juego es la que más frutos puede dar.

Sin duda que el entrenamiento es fundamental para competir mejor. Bien se dice que se juega como se entrena y se entrena como se juega. Indiscutiblemente a través del entrenamiento un buen entrenador puede generar escenarios de trabajo donde la competencia sea de alta intensidad para después transferir y llevar a los partidos.

Sin duda alguna Marcelo Bielsa cambia la mentalidad de los futbolistas y de los equipos gracias al entrenamiento. Y dentro del entrenamiento, por intermedio del verbo, de la palabra, de la arenga ("vamos", "dale"...) hay entrenadores como Marcelo que logran generar determinados comportamientos en el futbolista y en el grupo. Yo busco generar determinados comportamientos a través de la ejercitación misma.

Por ejemplo conversé con Bielsa sobre una ejercitación cuyo objetivo fuese realizar un *pressing* ultraofensivo al momento de la pérdida. Yo, para dicha ejercitación, le propuse un partidillo reglado dividiendo el campo en cuatro cuartos. El juego consiste en que el equipo en posesión en cada cuarto del terreno debe hacer cierta cantidad de pases para poder estar junto y compacto de atrás hacia delante, y al momento de la pérdida dispone de 6 segundos para recuperar el balón. Si en 6 segundos no se recupera la pelota se le da un punto al rival o un tiro penalti.

Después le pregunté a Marcelo cómo lograba el mismo objetivo dentro de una ejercitación y él, despojándose de toda vanidad y con el perfil bajo que lo caracteriza, me dijo que básicamente lo conseguía a través de la arenga propia ("¡a muerte!") y la de sus colaboradores.

Son dos maneras válidas en el ensayo.

Con respecto al segundo tema, hablamos de la manera de como él inicialmente sembró y construyó en Chile y posteriormente cosecharon Jorge Sampaoli y Juan Antonio Pizzi, sin desconocer que Bielsa también vivió logros importantes en ese país como la clasificación al Mundial de Sudáfrica. Algo parecido a lo que aconteció con nosotros en Atlético Nacional.

De hecho, cuando Nacional obtiene el título de la Copa Libertadores, Marcelo me llamó y me dijo que ese era un buen ejemplo de los tiempos de siembra, construcción y cosecha en un equipo de fútbol y de la manera de como a través del entrenamiento, la competencia, la pedagogía y la didáctica se transforma, modifica y mejora la mentalidad del futbolista y de un grupo, en este caso de jugadores colombianos como en su mayoría tuvimos en Atlético Nacional.

En este punto, y por coincidencia (Selección Chile y Atlético Nacional), concluimos que sembrar una idea de juego y construir un estilo (darle forma a un equipo) es lo más difícil del fútbol pero a la vez lo más reconfortante.

Finalmente, sobre el tercer tema (llegar a término con una derrota dolorosa, como un 0-7) pude concluir que lo más importante es entender, bajo parámetros exclusiva-

mente futbolísticos, lo acontecido y porqué aconteció.

Uno llega a término con la derrota, la asimila y la supera, cuando entiende en dónde estuvo el error propio en cuestiones netamente futbolísticas.

Por ejemplo, Marcelo me confió que llegó a términos con la derrota en el Mundial de 2002 cuando comprendió los diferentes aspectos inherentes al juego que provocaron el insuceso de la selección de Argentina durante el desarrollo de la competencia.

*Juan Carlos Osorio*

# EPÍLOGO

Digamos que sus logros están a la vista. Lo ganado y lo perdido se puede cuantificar. En los técnicos de fútbol las estadísticas están y hacen parte del perfil. Otra cosa es lo que representan desde lo humano.

Con Juan Carlos Osorio podrá uno estar o no de acuerdo con su manera de entrenar, planificar, decidir en caliente sobre el juego y demás pero lo que no tiene discusión es que ha demostrado ser un incansable persecutor del conocimiento y el crecer todos los días. Difícil encontrar un hombre tan consagrado a su trabajo y esclavo voluntario del querer saber todo en un juego tan complejo como el fútbol.

Su educación y formación en el balompié inglés se nota en la superficie. Pese a tener una memoria de elefante acude a la escritura para no ser traicionado por la dinámica de la competencia. En el Mundial de Brasil

pude disfrutar de este "animal" futbolero que no para un solo minuto de absorber, primero y transmitir después sin ningún egoísmo, impropio de su profesión, las sensaciones que dan vueltas en su escrupuloso criterio.

Muy seguramente en el desarrollo de estas páginas encontraron parte de su idea y la visión de quien ha dedicado su vida, con muchas privaciones al principio, a lo que más ama apuntando cada vez a ser mejor.

Conocí más al ser humano que al técnico en la oportunidad laboral que compartimos comentando el Mundial 2014 pero eso es suficiente para garantizar que es bien difícil encontrar, en el camino del fútbol, alguien que quiera aprender todos los días más que el propio Osorio. Eso es suficiente para darle la mejor calificación.

*Carlos Antonio Vélez*

# AGRADECIMIENTOS

## de Jorge Andrés Bermúdez H.

Mis más genuina gratitud a las siguientes personas.

A Juan Carlos Osorio por la amistad y el cariño.

A mamá por la pasión.

A papá por el talento.

A Luz Esperanza Martínez por la complicidad.

A mis hermanos por la compañía.

A Xavi Tamarit por la atención y enseñanza.

A Oscar Cano Moreno por la paciencia y el tiempo.

A Jaime Zamora por el ejemplo.

A Dios, el alfa y la omega.

# SOBRE LOS AUTORES

**Juan Carlos Osorio**

Entrenador de fútbol con especializaciones en Estados Unidos, Holanda e Inglaterra. Ha sido asistente técnico del Manchester City de Inglaterra, donde obtuvo el ascenso a la Premier League con el primer equipo. También es orientador en propiedad de Millonarios, Nacional y Once Caldas de Colombia, los New York Red Bulls y Chicago Fires de Estados Unidos y Puebla de México.

En Colombia, con Atlético Nacional de Medellín, ganó cuatro Ligas, dos Copas y una Superliga y fue finalista de la Copa Sudamericana 2014. En Estados Unidos se

coronó campeón de la conferencia oeste con New York Red Bulls.

Estando en el San Pablo de Brasil fue contratado por la selección mexicana de fútbol con el objetivo de dirigir al equipo azteca en el Mundial de Rusia 2018. Tras su paso por la selección mexicana fue nombrado director técnico de la selección de Paraguay. Actualmente dirige el primer equipo de Atlético Nacional de Medellín.

## Jorge Andrés Bermúdez H.

Periodista y analista de los canales RCN y WINSPORTS en Colombia. Más de quince años de experiencia con cubrimiento de campeonato mundial de mayores, con sub-20, Copa Libertadores, Copa Sudamericana, sudamericanos juveniles y todo el fútbol profesional colombiano. Entrenador de fútbol graduado. Conocedor de la lengua italiana y portuguesa. Ha escrito el libro La libreta de Osorio junto al prestigioso entrenador Juan Carlos Osorio, en la que el DT colombiano desmenuza su estrategia. Ha sido autor de las obras "Secretos de campeón", "ADN del fútbol ofensivo", "Lillo y Pep" y "Caso de éxito en fútbol femenino".

www.ingramcontent.com/pod-product-compliance
Ingram Content Group UK Ltd.
Pitfield, Milton Keynes, MK11 3LW, UK
UKHW021643190726
13853UKWH00001B/21

9 789873 763168